ADOLESCENT SEXUAL
AND REPRODUCTIVE HEALTH
EDUCATION:
STATUS
AND INTERVENTION EFFECTS

武俊青　李玉艳　赵　瑞
　主　编

仇丽霞　李亦然
　副主编

青少年性与生殖健康教育

现状和干预效果评价

社会科学文献出版社
SOCIAL SCIENCES ACADEMIC PRESS (CHINA)

编委名单

顾　问　杨爱平　姜　辉

主　编　武俊青　李玉艳　赵　瑞

副主编　仇丽霞　李亦然

编　委（按姓氏笔画排序）

　　　　　于传宁　王　行　王撬撬　方秀丽　宁雅静
　　　　　李　华　李玉艳　李晓霞　李亦然　杨雨田
　　　　　杨国军　何文杰　邹　燕　张俊国　武香芝
　　　　　武俊青　罗铭忠　金梦华　周　伟　周　颖
　　　　　赵　培　赵　瑞　姜　楠　徐双飞　黄凤珍
　　　　　蒋　松　蒋清昀　蔡惠兰

主编简介

武俊青，国务院政府特殊津贴获得者，上海市政协常委，上海市计划生育科学研究所研究员，复旦大学二级教授、博士生导师，吉林大学兼职教授，中国计划生育/生殖健康咨询能力建设项目办公室主任，国家卫生健康委员会计划生育药具重点实验室专家。迄今承担过国内外100余项科研项目，近年来致力于性与生殖健康研究与咨询领域，尤其关注青少年性与生殖健康问题的研究、培训和咨询。共出版专著30余本，以第一作者或通讯作者身份发表中英文论文350余篇。获20余项省部级科学技术成果奖项和多项专利。

李玉艳，博士，上海市计划生育科学研究所副研究员，复旦大学硕士生导师，《中国计划生育和妇产科杂志》编委。主要从事生殖健康流行病学研究工作，研究方向包括各类人群的性与生殖健康促进、青少年性教育等。主持青春健康沟通之道家长培训及效果评价项目、青春健康教育与促进项目、生殖健康咨询培训效果评估等10余项研究。作为主要成员参与国家自然基金课题、国家"十一五""十二五"科技支撑计划课题等20余项。以第一作者或通讯作者身份发表文章50余篇，参编论著10余本。

赵瑞，上海市计划生育科学研究所副研究员，中国医疗保健国际交流促进会妇产科分会创新技术与临床转化学组委员，复旦大学公共卫生学院少儿卫生和妇幼保健学专业博士研究生在读。主要研究方向包括生殖医学、卫生管理和社会医学、青少年的性与生殖健康促进等。先后主持过国内外研究6项，作为主要参与者参与了20余项重要课题，课题获得多项科技奖励。以第一作者或通讯作者身份发表中英文论文20余篇。

序　言

青少年的性与生殖健康问题是一个世界性的问题，我国作为世界上青少年人口最多的国家也承担着相应的压力与责任。毋庸置疑，儒家的性道德文化在我国数千年的社会中占据着正统地位，其性道德观念影响巨大，具有强大的精神力量。无论历经多少变革，当今的性道德观念依然与传统关系密切。然而，当今的青少年性行为的开放和传统观念发生了巨大的碰撞，其性生理及性心理方面发生了很大的变化。为青少年提供必要的生殖健康信息和服务、保障他们获得生殖健康教育和保健的权利、帮助他们确立规避风险的行为模式和健康生活方式已迫在眉睫！

本书共分上、下两篇，介绍了武俊青团队近5年在上海和浙江等地进行的青少年性与生殖健康干预项目，详细介绍了项目总目标、具体目标、技术路线、干预措施（青少年、家庭和学校三个层面），围绕青少年性与生殖健康现状开展综合的流行病学干预研究，并评估干预效果，建立了有效的干预模式，为今后开展青少年性与生殖健康教育提供了经验和依据，并为青少年、家长和学校的师资提供了以下参考。第一，青少年的生长发育状况，特别是一些常见问题的分布状况和影响因素；让青少年不再恐惧，坦然地对待自己出现的问题，有助于生殖健康咨询师践行"以人为本、价值中立、坦诚谈性和综合咨询"的理念，促进家长和教师在和谐的氛围中和青少年交流性发育、性教育等问题。第二，本次调查结果显示，5.53%的初高中生表示周围发生过同学意外怀孕的情况，3.77%的初高中生选择了会歧视周围发生意外怀孕的同学，因此意外怀孕的同学在流产过程中有时得不到来自其他方面的支持，也造成了很多意外怀孕的同学会选择不安全的人工流产方式。不安全的人工流产不仅增加了生殖道感染的机会，而且多数流产女性会产生紧张、焦虑、恐惧心理甚至抑郁，这对青少年生理、心理都将产生巨大的负面影响。除此之外，本研究基线调查的中学生对照组与干预组的性与生殖健康知识得分及格比例分别为58.87%、54.93%；在4个月的科学干预结束后，终末调查时知识得分及格比例分别为55.61%、72.93%；两次调查和两组对象性与生殖健康知识得分及格比例的差异有统计学意义，且干预后干预组学生的性与生殖健康知识得分及格比例显著高于对照组。由此可见，科学、明确、具体和可行的干预的确能够促进青少年增加性与生殖健康知识、树立正确的性道德和科学理念、改变风险的行为，促进性与生殖健康水平提高。

  本书在编写过程中，得到了国家卫生健康委员会、上海市计划生育科学研究所、复旦大学有关领导和有关部门的高度重视和大力支持，全体编委和编写人员为本书的修订付出了辛勤劳动。

本书得到了上海市软科学项目（编号为 14692108700）和杭州市萧山区卫计委的资助，并得到了国家卫生健康委员会与上海市计划生育科学研究所的资助（ZC19-11-1）。上海市计划生育科学研究所、国家卫生健康委员会计划生育药具重点实验室为本书的研究调查提供了重要帮助；谨在此一并致以崇高敬意和衷心谢意。

受本人能力及水平所限，书中不足之处在所难免，恳请广大同人拨冗指正。

武俊青

2021 年 1 月于上海

目 录

项目介绍

第一章　青少年性与生殖健康现状及干预效果评价项目介绍
……………………………………………………………… 3
　　第一节　研究背景……………………………………… 3
　　第二节　项目介绍……………………………………… 5
　　第三节　项目主要结果………………………………… 8

上篇　小学和家庭性教育

第二章　上海市小学生性与生殖健康教育现状及干预效果评价
……………………………………………………………… 17
　　第一节　基线调查结果………………………………… 17

第二节　上海市小学生性与生殖健康现状及干预效果评价
.... 30

第三章　老师和家长生殖健康知识调查及现状分析 41
　第一节　上海市中小学老师调查结果分析 41
　第二节　上海市学生家长调查结果分析 50
　第三节　杭州市萧山区中小学老师调查结果分析 58
　第四节　杭州市萧山区学生家长调查结果分析 68

第四章　学校生殖健康干预模式研究 84
　第一节　干预方案制定阶段的研究方法 84
　第二节　干预方案及开展情况 86
　第三节　障碍及可能的策略分析 98
　第四节　学校性与生殖健康教育建议 99

下篇　中学性教育和定性研究

第五章　上海市中学生生殖健康教育现状与
　　　　干预效果评价研究结果 111
　第一节　上海市中学生生殖健康调查及学校
　　　　　教育现状分析 111
　第二节　上海市中学生生殖健康教育干预效果评价 139

第六章 杭州市萧山区青少年学校性与生殖健康教育的现状及干预效果评价 …………………………………… 167

    第一节 基线调查报告 ………………………………… 167

    第二节 定性访谈结果总结 …………………………… 188

    第三节 干预评估报告 ………………………………… 192

第七章 项目干预效果评价和分析 …………………………… 229

    第一节 青少年性与生殖健康教育现状分析 ………… 229

    第二节 干预效果评价 ………………………………… 233

参考文献 ……………………………………………………… 241

项目介绍

第一章　青少年性与生殖健康现状及干预效果评价项目介绍

第一节　研究背景

1994年，在开罗国际人口与发展大会上提出了生殖健康概念，并得到与会各国的认可。生殖健康是指人类生殖系统及其功能和过程所涉及的有关身体、精神和社会等方面的完好状态，而不仅仅是没有疾病或虚弱。青少年的生殖健康问题是全社会的问题。开罗国际人口与发展大会强调，关注青少年的生殖健康问题，并将为青少年提供必要的生殖健康信息和服务、保障他们获得生殖健康教育和保健的权利、帮助他们确立规避风险的行为模式和健康生活方式，列为大会行动纲领优先考虑的目标之一。青春期既是身心发育的突增期，也是社会角色的迅速转变期。我国是世界上青少年人口最多的国家，2005年全国1%人口抽样调查数据显示，中国15至29岁青少年人口近3亿，占全国总人口的22.94%。

近年来，在整体健康状况明显改善的同时，青少年性生理及性心理方面发生了很大的变化，其性与生殖健康问题及需求日益凸显。第一，身体发育的体形烦恼。青少年对自己的体形不满意，这种现象比较普遍。但如果这种不满意程度不断加深，就有可能变成一种病态。一份大学生性心理调查结果显示，不满意自己身体形态的青年人很多，如嫌自己"长得太矮小"而烦恼者，男生占49.0%，女生占25.2%；女生中对自己"乳房太小"而失望者占25.7%，另有11.2%的嫌"乳房太大"等；总计达70%以上的大学生对自己的体形有这样或那样的烦恼。第二，随着青少年性生理早熟与性心理发育的滞后，青少年早恋、早孕等现象逐年增加，且日趋小龄化。据统计，我国20世纪90年代青少年的性成熟年龄比60年代平均提前了2岁，而结婚年龄却平均延后2至3年。有关调查显示，大学生婚前性行为发生比例高达10%至30%，而我国少女怀孕的发生率也以每年6.8%的速度递增，在全国每年1000多万人次的人工流产中，未成年人占到其中的1/4，未婚妊娠已成为一大社会问题。WHO的资料反映了未婚女性妊娠是构成全世界15至19岁女孩的主要死因，每年大约有6万名年轻妇女死亡。第三，艾滋病、性传播疾病正在迅速蔓延。每天有7000多名年轻人感染上艾滋病，至少占新感染总数的一半。在中国艾滋病患者中，15至29岁的约占60%，年轻人正成为艾滋病最大的牺牲品。第四，除婚前性行为、未婚少女妊娠、艾滋病及其他STD蔓延危险这三大威胁青少年性与生殖健康的严重问题之外，各种形式的性暴力和性剥夺事件也呈现快速增加趋势。因为青春期性教育的缺乏及道德法制观念的淡薄，在性激素的催动和强烈好奇心的驱使下，我国青少年的涉性犯罪问题日益严重。资料显示，近年来，全国青少年犯罪已占全国刑事犯罪案件总数的70%；而在青少年罪犯中，30%是性犯罪，犯罪女性90%为性犯罪，因性犯罪而被教养的少年，犯罪前都未接受过科学的性知识和性道德的教育。另有一项关于"首次性行为是否被强迫"的调查中，25.0%的对象表示首次性行为被强迫，男生和女生被强迫的分别占52.6%和12.8%，强迫对象主要为男、女朋友或同学。

学校不仅要教育学生如何成人，更要教育学生以健康积极的态度、科学的知识来对待性与生殖健康问题，想尽办法通过各种方式开展适宜的性与生殖健康教育；同时，家长与孩子有着血亲的联系，更要对孩子进行适时、适当的性与生殖健康教育；社会为了青少年的健康成长也应贡献应有力量，为青少年开展良好的性与生殖健康教育，从而提高青少年一生的性与生殖健康水平。

第二节 项目介绍

在性与生殖健康形势严峻的背景下，复旦大学生殖与发育研究院上海市计划生育科学研究所武俊青教授及其研究团队于2014年、2015年分别在上海市和杭州萧山区开展了青少年性与生殖健康和性教育综合干预项目。项目以青少年为研究的重点人群，从青少年、家长、老师及学校管理人员的视角了解了两地青少年的性与生殖健康教育情况，在部分学校开展定量的问卷调查和定性访谈，并在此基础上开展干预活动，评估干预的效果，建立了有效的干预模式，可以为今后开展青少年性与生殖健康教育提供经验和依据。

一 主要内容

本研究为流行病学干预研究。拟采用的技术路线为：首先进行文献查阅、专家咨询和专题讨论，确定研究方案，选择研究现场和研究对象，设计问卷调查表和定性访谈提纲，进行预调查，根据预调查情况修改和确定调查问卷，召开现场调查启动和倡导培训会议，确保现场调查的顺利进行。定量问卷调查的对象包括学生、家长和老师，定性访谈的对象包括学生、老师和学校管理人员。基线调查结束后，课题组工作人员对收集到的定量资料和定性资料进行整理和分析，同时在干预组开展相应的宣传教育和培训等干预活动，所实施的干预活动形式和内容经过专家咨询后确定。在4个月的干预时间结束后，对所选择的研究现场再次进行干预后的问卷调查和定性访谈，课题组对所收集到的资料进行整理和分析，通过前后两次调查、比较干预的效果，总结形成有效的干预模式，在专家咨询的基础上完成最终的研究报告，提出政策建议，并进行成果发布。

研究的主要方向为：了解10至18岁青少年（小学4至6年

级、初中生、高中生)的性与生殖健康知识和需求;了解学校性与生殖健康教育的现状和需求;开展宣教干预活动,并评估干预的效果及其影响因素,构建有效的干预模式。

二 具体内容

利用性与生殖健康综合咨询的瑞迪框架,了解和探究不同青少年(小学4至6年级、初中生、高中生)的性与生殖健康知识和需求,如下:

(1)性与生殖健康知识,包括性生理知识、性发育的心理知识、青春期知识、性病或艾滋病知识及知识来源等;

(2)性与生殖健康行为及态度,包括恋爱史、性行为史、对常见高危行为的看法等;

(3)性与生殖健康的深层次需求,包括对性交流技巧、避孕方法使用技巧等的需求;

(4)学校性与生殖健康教育情况(供给、可及性、利用情况等)。

利用国际著名的性与生殖健康综合咨询的瑞迪框架,了解和探究学校性与生殖健康教育的现状和深层次需求,如下:

(1)从学校老师角度,了解学生的性与生殖健康教育的现状及深层次需求,老师的性与生殖健康知识、态度和开展性与生殖健康教育的情况,学校性与生殖健康教育开展的情况、存在的问题、解决问题的策略和建议等;

(2)从学校管理者角度,了解学生性与生殖健康教育的现状及深层次需求,学校性与生殖健康教育开展的情况、存在的问题、解决问题的策略和建议等；

（3）从家长角度，了解学生的性与生殖健康教育的现状及深层次需求，家长的性与生殖健康知识、态度等。

开展宣传教育干预活动，并进行效果评价，构建有效的干预模式。

（1）将研究现场随机分为干预组和对照组，在干预组开展宣传教育和培训干预活动；倡导"以人为本、价值中立、坦诚谈性、综合咨询"的理念和方法，并在高中生中培训避孕知识和避孕方法的使用、性交流技巧并提供面对面的咨询和新媒体咨询工作等内容；干预时间为4个月。

（2）在干预组和对照组均开展问卷调查和定性访谈，评估干预效果。

（3）构建了一种有效的综合干预模式，为今后开展中小学性教育提供了科学的参考和政策建议。

三　技术路线

技术路线如图1-1所示。

第三节　项目主要结果

一　上海市项目

自2014年8月启动以来，项目课题组对上海10至18岁青

图 1-1 技术路线

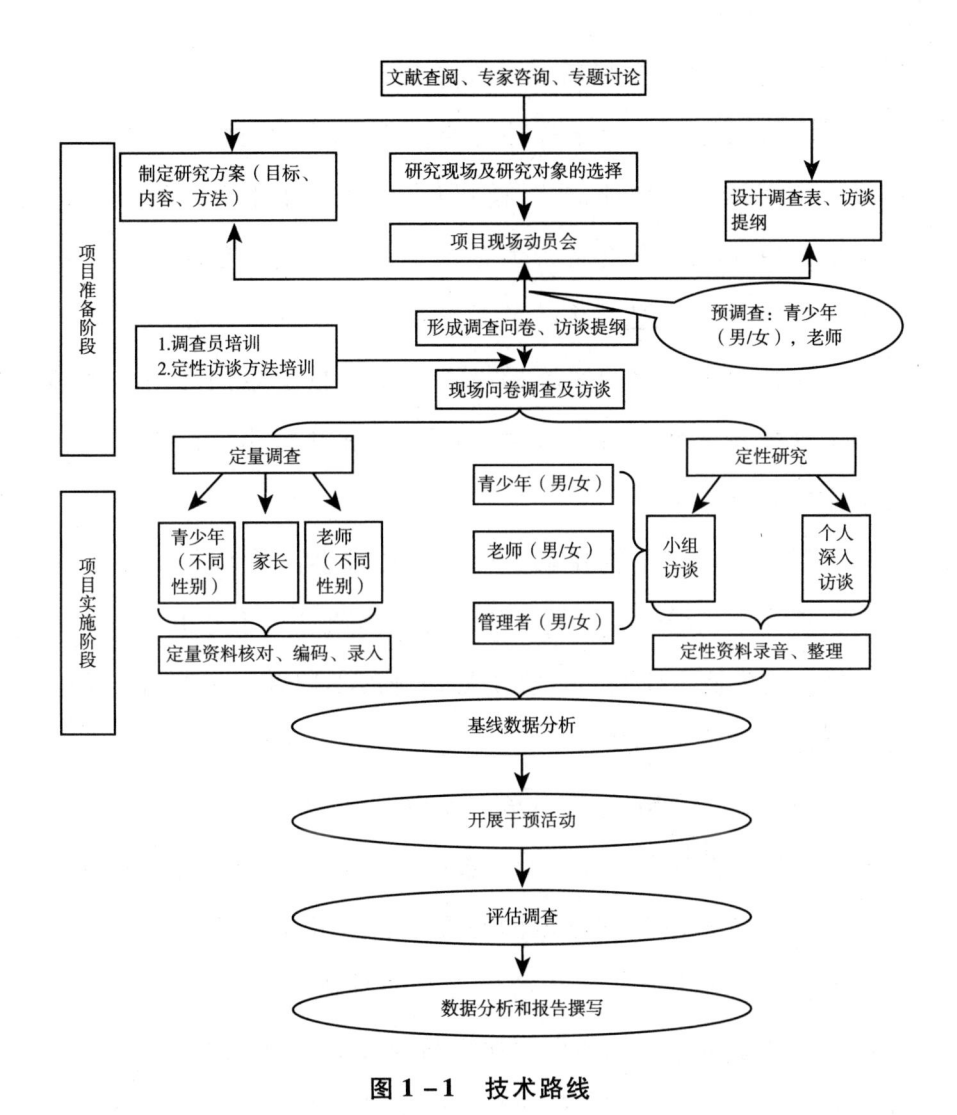

少年的性与生殖健康知识和需求、学校性与生殖健康教育的现状和需求进行了调查，基线调查阶段共覆盖 6 所中小学 1189 名中小学生；在基线调查发现问题的基础上，制定了系列干预方案，并在干预组学校（3 所学校）开展宣传、教育、动员和咨询的系列干预活动；干预完成后，对相关干预进行了效果评估，该阶段

调查对象1128名，并提出了干预模式建议。

该项目通过上海市学校性与生殖健康教育现状、性与生殖健康干预模式、干预评估三阶段研究，获得了上海市青少年性与生殖健康知识、态度及行为数据，获得了其深层次性与生殖健康需求的一手数据，并做了大量在校学生的性与生殖健康的咨询工作，项目干预的实施提高了干预学校学生的性与生殖健康知识水平，干预没有促进学生的恋爱和性行为，促进了其相关工作的开展。

项目同时探讨了构建家庭、学校和社会"三位一体"的综合干预模式的可能性，对其可能面临的障碍进行了分析，并提供了对策，为家庭、学校、社会更好地开展学校青少年性与生殖健康教育实践提供了参考。

该项目共覆盖6所中小学，前后调查中小学生2317人次、家长307位、教师112人，所获数据翔实可信。项目完成了对中小学性与生殖健康教育读本的开发工作，并结集成册——"青少年性教育（小学本）"及其"青少年性教育（中学本）"，同时项目组开展讲座、现场咨询和后继的咨询活动，培训教材等受到广大学生、家长、班主任和学校领导的喜爱，为今后学校性与生殖健康教育和综合咨询的加强提供了材料参考，为更大范围推广研究成果奠定了坚实的基础。

上海市科委在2016年组织项目验收，通过评审，专家组综合评定该项目成果质量为"优秀"。需要特别指出的是，这是上海市科委首次将软科学项目成果质量评为"优秀"。

二 杭州市萧山区项目

该项目共调查6所学校,基线调查时共发放问卷1920份,回收有效问卷1804份,问卷有效率为93.96%。干预调查时共发放问卷1860份,回收有效问卷1746份,问卷有效率为93.87%。

该项目发现如下。

1. 干预促进青少年增加性与生殖健康知识

本研究发现初高中对象对性与生殖健康生理知识有一定的掌握,但是对于性心理知识的了解和掌握较少;调查对象对社会媒体宣传较多的知识点能够掌握,例如,80%以上的学生表示听说过艾滋病,但是对一般生殖道感染的问题,听说过的比例则很低。本研究基线调查对象性与生殖健康知识对照组和干预组得分及格的比例分别为54.70%、58.70%;终末调查时对照组和干预组的知识得分及格比例分别升高到60.14%、68.15%,均高于基线调查时,而且干预组高于对照组。

2. 青少年的性观念随着年龄的增加而更加宽容

及时开展性与生殖健康教育,及时转变青少年对于性行为的态度,对于最终减少性行为的发生、减少意外妊娠以及减小性传播疾病对青少年的伤害至关重要。另外,学校也需要加大对男生的性观念和性行为教育力度,为其树立正确的性观念,从而帮助其完善青少年的人格特征。

3. 干预对提高青少年对学校性教育的需求有一定的作用

终末调查时认为青少年需要了解性知识的比例有所升高,

"希望学校开展性教育"的比例有所增加；终末调查时，学生对一些性与生殖健康教育的内容，如"健康性心理""青春期保健知识""和异性正常交往"等的了解需求均有所增加。

4. 学校性与生殖健康教育的模式探索

青少年性与生殖健康教育可采取"以加强性道德为核心的学校、家庭、社会三联一体"的健康教育模式，以学校为主导，社会参与，家长配合。首先，学校要在不增加学生学习负担和不改变现有教育目标的同时，改革教材内容，增添有现代社会使命感的内容，根据社会发展的形势和需求，增加性心理发展、性道德感和责任感、自我保护意识等的教育，让学校教育与社会教育相互融合，减少青少年对社会现象的茫然和不适应感。其次，按照青少年各阶段的成长特点，编制统一的性与生殖健康教育教材，统一思想、统一认识、统一辅导、统一学习。

三 上海和萧山青少年性与生殖健康教育项目的主要成果

（1）目前两个项目组已撰写并发表中文核心论文6篇。

（2）项目组完成编写并印刷了"青少年性教育（小学版）"、"青少年性教育（中学版）"两册读本，作为宣传材料非正式印刷，首先在项目地区，后来推广到非项目地区的中小学发放。

（3）上海市科委在2016年组织项目验收，通过青少年性教育专家的评审，专家组综合评定该项目成果质量为"优秀"，这是上海市科委首次将软科学项目成果质量评定为"优秀"。

（4）项目结束后，项目成果优先推广到项目的对照组地区，后来又推广到上海和萧山以外的全国近20个地区。

（5）项目成果还通过国家卫生和健康委员会及时、正确、个性化地应用于全国青少年性与生殖健康的综合咨询，促进提高青少年的性与生殖健康水平。

（6）项目组还通过该项目开发出和青少年性与生殖健康教育相关的系列讲座课程，项目结束后优先推广到项目的对照组。如下。

①中国青少年避孕、意外妊娠、人工流产问题现状及对策。

②青少年性教育需求及对策——性与生殖健康综合咨询在青少年性教育中的应用。

③扩大性与生殖健康（SRH）教育的途径，了解和满足青少年的需求。

④青少年的家庭性教育。

⑤了解女孩发育，关爱女孩健康。

⑥了解男孩发育，关爱男孩健康。

⑦中国青少年肥胖的流行现状及影响因素和对策。

⑧日本青少年性与生殖健康服务经验与启示。

⑨中国青少年健康所面临的问题与挑战。

⑩高中生性与生殖健康教育与培训——蓝色关爱，呵护健康。

⑪小学生性与生殖健康教育与培训——蓝色关爱，呵护健康。

⑫性安全的防护。

⑬如何培养孩子的社会适应能力？——让孩子更好地和他人

相处。

⑭为青少年进行性教育的瑞迪咨询框架和五大咨询技巧。

⑮青少年性与生殖健康咨询——案例分析。

⑯青少年性与生殖健康概论。

上篇　小学和家庭性教育

第二章 上海市小学生性与生殖健康教育现状及干预效果评价

第一节 基线调查结果

一 人口学特征

本研究基线共调查小学生400例,收回有效问卷364份,回收率为91.00%。在有效问卷中,调查对象中男性128人,占调查对象的35.16%;女性236人,占64.84%。调查对象父亲文化程度以本科及以上的比例最高,达到57.69%。调查对象母亲文化程度同样以本科及以上的比例最高,为56.59%。目前主要的居住方式是与父母一起住,占调查对象的84.07%。家庭人均月收入以大于等于6000元为主,占60.99%(见表2-1)。

表2-1 小学生人口学特征（N=364）

单位：份，%

变量	N	占比
性别		
男	128	35.16
女	236	64.84
父亲文化程度		
初中	6	1.65
高中、中专、技校、职校	60	16.48
大专	88	24.18
本科及以上	210	57.69
母亲文化程度		
初中	8	2.20
高中、中专、技校、职校	70	19.23
大专	80	21.98
本科及以上	206	56.59
目前主要居住方式		
与父母一起住	306	84.07
与(外)祖父母一起住	48	13.19
学校集体宿舍	0	0.0
其他	10	2.75
家庭人均月收入(元)		
<1000	0	0.0
1000至2000(不含)	12	3.30
2000至4000(不含)	46	12.64
4000至6000(不含)	84	23.08
≥6000	222	60.99

二　上海市小学生生理知识了解情况

调查对象对生理知识的掌握情况如下，如对于"精子产生的器官"的回答,正确率为48.90%;对"卵子产生的器官"的回答正确率为60.44%;对"精子和卵子正常情况下在体内何处结合"的回答正确率仅为15.93%;对"从怀孕到分娩需要的时间"回答正确率为42.31%(见表2-2)。

表2-2 小学生生理知识掌握情况(N=364)

单位:份,%

问题	回答情况 N	回答情况 占比	答对情况 正确率	答对情况 错误率	答对情况 不知晓率
精子产生的器官			48.90	14.84	36.26
睾丸	178	48.90			
附睾	2	0.55			
精囊腺	52	14.29			
不知道	132	36.26			
卵子产生的器官			60.44	12.09	27.47
卵巢	220	60.44			
子宫	32	8.79			
输卵管	12	3.30			
不知道	100	27.47			
精子和卵子正常情况下在体内何处结合			15.93	57.70	26.37
卵巢	14	3.85			
子宫	182	50.00			
输卵管	58	15.93			
阴道	14	3.85			
不知道	96	26.37			
从怀孕到分娩需要的时间(天)			42.31	35.16	22.53
300	108	29.67			
280	154	42.31			
266	20	5.49			
不知道	82	22.53			
哪个年龄段女孩有月经初潮可能不正常(岁)			65.38	9.89	24.73
7至10(不含)	238	65.38			

续表

问题	回答情况		答对情况		
	N	占比	正确率	错误率	不知晓率
10 至 13（不含）	14	3.85			
13 至 16（不含）	16	4.40			
≥16	6	1.65			
不知道	90	24.73			

三 性与生殖健康相关知识

调查对象中，63.74%的对象听说过生殖道感染，69.78%的对象听说过性传播疾病，90.66%的对象听说过艾滋病，50.00%的对象知道既能避孕又能预防疾病的方法是使用安全套（见表2-3）。

表2-3 小学生性与生殖健康相关知识了解情况

单位：份，%

问题	回答情况	
	数量	占比
是否听说过生殖道感染		
听说过	232	63.74
没有	132	36.26
是否听说过性传播疾病		
听说过	254	69.78
没有	110	30.22
是否听说过艾滋病		
听说过	330	90.66
没有	34	9.34

续表

问题	回答情况	
	数量	占比
哪一种方法既能避孕又能预防疾病		
安全套	182	50.00
口服避孕药	6	1.65
安全期避孕	22	6.04
体外射精	4	1.10
不知道	150	41.21

四 对性与生殖健康的认知情况

在调查对象中，认为青少年需要了解性与生殖健康知识的比例达到87.91%（见表2-4）。

表2-4 小学生对性与生殖健康的认知情况

单位：份，%

青少年是否需要了解性与生殖健康知识	回答情况	
	数量	占比
需要	320	87.91
无所谓	24	6.59
不需要	20	5.49

五 青少年生殖健康行为及态度

在调查对象中，34.62%的对象认为自慰对健康有害；23.63%的对象认为自慰次数多了不好，偶尔一两次没关系；认为自慰是正常现象的比例为29.12%（见表2-5）。对于不同性行为，非常反对婚前性行为的对象占47.20%，非常反对婚外性行为的对象占68.94%，非常反对商业性行为的对象占70.19%，非常反对同性性行为的对象占64.60%（见表2-6）。

表2-5 小学生对于自慰的认知

单位：份，%

自慰是一种什么行为	回答情况 数量	占比
对健康有害	126	34.62
次数多了不好,偶尔一两次没关系	86	23.63
不道德	46	12.64
正常现象	106	29.12

表2-6 小学生对不同性行为的看法

单位：份，%

态度	婚前性行为 数量	占比	婚外性行为 数量	占比	商业性行为 数量	占比	同性性行为 数量	占比
非常反对	152	47.20	222	68.94	226	70.19	208	64.60
反对	56	17.39	66	20.50	60	18.63	50	15.53
中立	106	32.92	34	10.56	36	11.18	64	19.88
赞成	6	1.86	0	0.00	0	0.00	0	0.00
非常赞成	2	0.62	0	0.00	0	0.00	0	0.00

六 青少年与异性交往问题

对于与异性交往的问题，与异性交往没有感觉的比例最高，达到53.30%，愿意采用的方式最多的是小团体活动，占77.47%，在与异性交往时碰到过问题的占 8.79%（见表 2-7）。对于早恋，67.58% 的对象表示反对，有过早恋情况的比例为 7.69%（见表 2-8）。

表 2-7 小学生与异性交往时的感觉

单位：份，%

问题	回答情况	
	数量	占比
与异性交往时的感觉		
异常兴奋	12	3.30
有些紧张或害羞	120	32.97
没有感觉	194	53.30
其他	38	10.44
与异性交往时愿意采用的方式		
小团体活动	282	77.47
单独交往	42	11.54
不想与异性交往	40	10.99
与异性交往时是否碰到过问题		
是	32	8.79
否	332	91.21

表 2-8 小学生对待早恋情况

单位：份，%

问题	回答情况	
	数量	占比
如何看待中学生(初中及以上)谈恋爱		
反对	246	67.58
无所谓	116	31.87
赞成	2	0.55
是否恋爱过		
是	28	7.69
否	336	92.31

七 对于亲密接触行为的看法

调查对象中,28.57%的对象对于彼此之间的接吻、拥抱和相互抚摸等行为抱有可以理解的态度;1.65%的对象同意男孩和女孩之间可以有性行为,2.75%的对象同意男孩和女孩如果相爱可以有性行为,2.75%的对象同意如果男孩和女孩使用了避孕方法可以有性行为(见表2-9、表2-10)。

表2-9 小学生对接吻、拥抱和相互抚摸的看法

单位:份,%

问题	回答情况	
	数量	占比
你如何看待男孩和女孩间的接吻、拥抱和相互抚摸		
支持	0	0.0
可以理解	104	28.57
反对	208	57.14
无所谓	52	14.29

表2-10 小学生对发生性行为的看法

单位:份,%

问题	回答情况	
	数量	占比
是否同意男孩和女孩可以有性行为		
同意	6	1.65
不确定	100	27.47
不同意	258	70.88
是否同意男孩和女孩如果相爱可以有性行为		
同意	10	2.75

续表

问题	回答情况	
	数量	占比
不确定	136	37.36
不同意	218	59.89
是否同意如果男孩和女孩使用了避孕方法可以有性行为		
同意	10	2.75
不确定	114	31.32
不同意	240	65.93

八 小学生对意外怀孕情况的看法

在调查对象中，37.91%的小学生认为未婚妈妈是可以理解的，3.85%的小学生周围发生过同学意外怀孕的情况，4.40%的对象表示会歧视那些意外怀孕的同学（见表2-11）。

表2-11 小学生对意外怀孕情况的看法

单位：份，%

问题	回答情况	
	数量	占比
对未婚妈妈的看法		
正常，社会发展的必然	32	8.79
可以理解	138	37.91
难以接受	168	46.15
无所谓	26	7.14
周围是否有同学意外怀孕		
没有	216	59.34
有	14	3.85
不知道	134	36.81

续表

问题	数量	占比
假如有同学意外怀孕,你会怎么样		
劝她去"黑"诊所	2	0.55
劝她去正规医院	108	29.67
劝她告诉父母	180	49.45
劝她告诉老师	30	8.24
与我无关	24	6.59
其他	20	5.49
你会歧视那些意外怀孕的同学吗		
会	16	4.40
不会	244	67.03
不确定	104	28.57

九　小学生面临的性骚扰问题

调查对象中,68.13%的对象在假设遭受性骚扰时选择了大声呵斥;在公共场所被异性碰触过身体敏感部位的对象占2.20%;在学校碰到过性骚扰情况的对象占到1.65%(见表2-12)。

表2-12　小学生面临的性骚扰问题

单位:份,%

问题	数量	占比
如果有人对你性骚扰,你会怎么办		
不出声,忍受	14	3.85
不出声,躲到一边去	38	10.44
大声呵斥	248	68.13
其他	64	17.58

续表

问题	回答情况	
	数量	占比
是否在公共场所被异性碰触过身体敏感部位		
是	8	2.20
否	356	97.80
是否在学校碰到过性骚扰		
是	6	1.65
否	358	98.35

十　小学生对性与生殖健康的深层次需求分析和教育现状

在调查对象中，8.24%的对象认为自身的性与生殖健康知识足够，认为很欠缺的占35.71%；64.84%的对象不清楚自己是否存在性与生殖健康问题；62.64%的对象认为我国目前的性与生殖健康教育情况有待完善；87.91%的对象认为学校有必要开设性与生殖健康相关课程（见表2-13至表2-15）。

表2-13　小学生对性与生殖健康的认知

单位：份，%

问题	回答情况	
	数量	占比
自身的性与生殖健康知识是否足够		
足够	30	8.24
有一些	204	56.04
很欠缺	130	35.71
自己是否存在性与生殖健康问题		
是的	2	0.55

续表

问题	回答情况	
	数量	占比
没有	126	34.62
不清楚	236	64.84

表 2–14 小学生对我国性与生殖健康教育现状的认知

单位：份，%

问题	回答情况	
	数量	占比
我国目前的性与生殖健康教育情况		
很完善了	46	12.64
有待完善	228	62.64
亟须完善	80	21.98
没有必要开展	10	2.74
应该从何时开始接受性与生殖健康教育（岁）		
<6	20	5.49
6 至 12（不含）	196	53.85
12 至 18（不含）	120	32.97
≥18	28	7.69

表 2–15 小学生对学校性与生殖健康教育的认知

单位：份，%

问题	回答情况	
	数量	占比
学校是否有必要开设性与生殖健康相关的课程		
是	320	87.91
否	44	12.09
所在学校是否开展了性与生殖健康相关的教育		
是	228	62.64
否	44	12.09
不知道	92	25.27

续表

问题	回答情况	
	数量	占比
是否希望学校开展性与生殖健康相关的教育		
希望	94	47.00
无所谓	32	16.00
不希望	74	37.00
所在学校是否提供性与生殖健康有关的咨询服务		
是	52	14.29
否	98	26.92
不知道	214	58.79
所在学校是否提供避孕药具服务		
是	2	0.55
否	156	42.86
不知道	206	56.59

十一　家庭及同伴性与生殖健康教育

在调查对象中，50.00%的对象从不与父母讨论性与生殖健康相关的话题，父母从不关心孩子在学校接受性与生殖健康教育的情况比例达20.88%，从不与同龄人、同学、朋友谈论性与生殖健康问题的对象占58.79%（见表2-16）。

表2-16　小学生家庭及同伴性与生殖健康教育现状

单位：份，%

问题	回答情况	
	数量	占比
是否与父母讨论性与生殖健康相关的话题		
经常	10	2.75
一般	22	6.04

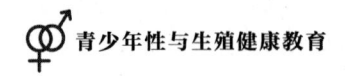

续表

问题	回答情况	
	数量	占比
偶尔	150	41.21
从不	182	50.00
父母是否关心孩子在学校接受性与生殖健康教育的情况		
经常关心	100	27.47
偶尔关心	188	51.65
从不关心	76	20.88
是否与同龄人、同学、朋友谈论性与生殖健康问题		
总是		
经常	10	2.75
一般	68	18.68
偶尔	72	19.78
从不	214	58.79

第二节　上海市小学生性与生殖健康现状及干预效果评价

一　基本情况

本研究基线共调查两所小学，调查小学生400人，收回有效问卷364份，回收率为91.00%，其中，对照组175人，干预组189人，两组基本人口学特征无统计学差异。干预调查时共发放问卷400份，回收有效问卷383份，问卷有效率为95.75%。其中，对照组185人，干预组198人，两组在居住方式和家庭人均月收入的差异有统计学意义。调查对象的基本人口学特征如表2-17所示。

表2-17 调查对象的基本人口学特征

单位：份，%

变量	基线调查 对照组 数量	基线调查 对照组 占比	基线调查 干预组 数量	基线调查 干预组 占比	终末调查 对照组 数量	终末调查 对照组 占比	终末调查 干预组 数量	终末调查 干预组 占比
性别								
男	59	33.71	69	36.51	99	53.51	106	53.54
女	116	66.29	120	63.49	86	46.49	92	46.46
χ^2, P值	$\chi_1^2=0.3102$		$P_1=0.5776$		$\chi_2^2=0.0000$		$P_2=0.9966$	
	$\chi_3^2=13.8877$		$P_3=0.0002$		$\chi_4^2=11.2885$		$P_4=0.0008$	
父亲文化程度								
初中	3	1.71	3	1.59	18	9.73	16	8.08
高中、中专	28	16.00	32	16.93	42	22.70	40	20.20
大专	39	22.29	49	25.93	41	22.16	52	26.26
本科及以上	105	60.00	105	55.56	84	45.41	90	45.45
χ^2, P值	$\chi_1^2=0.3580$		$P_1=0.5496$		$\chi_2^2=0.3199$		$P_2=0.5717$	
	$\chi_3^2=14.1176$		$P_3=0.0002$		$\chi_4^2=7.9959$		$P_4=0.0047$	
母亲文化程度								
初中	3	1.71	5	2.65	17	9.19	17	8.59
高中、中专	32	18.29	38	20.11	52	28.11	47	23.74
大专	39	22.29	41	21.69	39	21.08	51	25.76
本科及以上	101	57.71	105	55.56	77	41.62	83	41.92
χ^2, P值	$\chi_1^2=0.4193$		$P_1=0.5173$		$\chi_2^2=0.3193$		$P_2=0.5720$	
	$\chi_3^2=14.1513$		$P_3=0.0002$		$\chi_4^2=9.5396$		$P_4=0.0020$	

续表

变量	基线调查				终末调查			
	对照组		干预组		对照组		干预组	
	数量	占比	数量	占比	数量	占比	数量	占比
主要居住方式								
与父母一起住	148	84.57	158	83.60	149	80.54	181	91.41
与(外)祖父母一起居住	22	12.57	26	13.76	30	16.22	8	4.04
其他	5	2.86	5	2.65	6	3.24	9	4.55
χ^2,P 值	$\chi_1^2=0.0082$		$P_1=0.9277$		$\chi_2^2=3.8951$		$P_2=0.0484$	
	$\chi_3^2=0.5689$		$P_3=0.4507$		$\chi_4^2=0.4150$		$P_4=0.5194$	
家庭人均月收入(元)								
<2000	6	3.43	6	3.17	9	4.86	7	3.54
2000至4000(不含)	21	12.00	25	13.23	25	13.51	18	9.09
4000至6000(不含)	42	24.00	42	22.22	67	36.22	26	13.13
≥6000	106	60.57	116	61.38	84	45.41	147	74.24
χ^2,P 值	$\chi_1^2=0.0001$		$P_1=0.9923$		$\chi_2^2=17.1737$		$P_2<0.0001$	
	$\chi_3^2=4.7488$		$P_3=0.0293$		$\chi_4^2=3.4829$		$P_4=0.0620$	

注：P_1 为基线调查时对照组与干预组的比较；P_2 为终末调查时对照组与干预组的比较；P_3 为对照组两次调查结果的比较；P_4 为干预组两次调查结果的比较，以下表格中的 P 值意义同此表。

二　学生的性与生殖健康相关知识及态度

在性病、艾滋病（HIV）方面，干预后，干预组对象听说过 HIV 的比例显著增加（见表 2-18）。

表 2-18　调查对象性与生殖健康相关知识回答情况

单位：份，%

问题	基线调查 对照组 数量	基线调查 对照组 占比	基线调查 干预组 数量	基线调查 干预组 占比	终末调查 对照组 数量	终末调查 对照组 占比	终末调查 干预组 数量	终末调查 干预组 占比
是否听说过 HIV								
听说过	160	91.43	170	89.95	172	92.97	192	96.97
没有	15	8.57	19	10.05	13	7.03	6	3.03
χ^2, P 值	$\chi_1^2 = 0.2349$		$P_1 = 0.6279$		$\chi_2^2 = 3.2319$		$P_2 = 0.0722$	
	$\chi_3^2 = 0.0985$		$P_3 = 0.7536$		$\chi_4^2 = 7.4364$		$P_4 = 0.0064$	

小学生对于中学生恋爱的看法，干预前后均以反对居多（见表 2-19），采用 logistic 回归分析组别和时间对"中学生恋爱态度"的交互作用（见表 2-20），结果显示：组别和时间的交互作用项没有统计学意义，提示干预活动对研究对象"中学生恋爱态度"的改变没有意义（见表 2-21）。表 2-21 显示，家庭人均月收入较高的小学生更对中学生恋爱持反对态度。

表 2-19　调查对象对于中学生恋爱的看法

单位：份，%

问题	基线调查 对照组 数量	基线调查 对照组 占比	基线调查 干预组 数量	基线调查 干预组 占比	终末调查 对照组 数量	终末调查 对照组 占比	终末调查 干预组 数量	终末调查 干预组 占比
中学生恋爱								
反对	114	65.14	132	69.84	115	62.16	106	53.54
中立	60	34.29	56	29.63	59	31.89	81	40.91
赞成	1	0.57	1	0.53	11	5.95	11	5.56
χ^2, P 值	$\chi_1^2 = 0.8779$		$P_1 = 0.3488$		$\chi_2^2 = 1.7753$		$P_2 = 0.1827$	
	$\chi_3^2 = 2.0452$		$P_3 = 0.1527$		$\chi_4^2 = 14.3921$		$P_4 = 0.0001$	

表2-20 对中学生恋爱态度的交互作用分析

效应	参数估计(β)	标准误	χ^2	P
截距1(赞成/反对)	-3.4454	0.2081	274.1905	<0.0001
截距2(无所谓/反对)	-0.5241	0.0766	46.8437	<0.0001
组别(干预组/对照组)	-0.0311	0.0759	0.1675	0.6824
时间点(终末/基线)	-0.2373	0.0759	9.7648	0.0018
组别×时间	0.1339	0.0759	3.1110	0.0778

表2-21 对中学生恋爱态度的多因素 logistic 回归分析

变量	比较组	参照组	OR	95% CI		aOR	Adjusted 95% CI	
组别	干预组	对照组	1.085	0.807	1.458	1.080	0.795	1.467
时间点	终末	基线	1.625	1.208	2.187	1.425	1.042	1.949
性别	男	女				0.590	0.433	0.804
父亲文化程度	高中/中专	初中				0.585	0.276	1.239
	大专					0.674	0.306	1.487
	本科及以上					0.891	0.388	2.045
母亲文化程度	高中/中专	初中				1.063	0.512	2.205
	大专					0.968	0.438	2.142
	本科及以上					0.738	0.322	1.691
主要居住方式	与(外)祖父母一起	与父母一起住				1.005	0.617	1.639
	集体宿舍及其他					1.128	0.493	2.583
家庭人均月收入(元)	2000至4000(不含)	<2000				0.313	0.132	0.742
	4000至6000(不含)					0.319	0.142	0.714
	≥6000					0.365	0.169	0.789

注：OR 为包含时间和组别的分析结果；aOR 为包含这7个变量的分析结果。

三 学生与异性交往问题的发生情况

在与异性交往方面，前后两次调查对象都是以"没有异常感觉"为主,比例在50%至65%,与异性交往方式也都是以"小团体"为主,其比例在55%至80%,但是终末调查时两组"单独"交往和"不想与异性交往"的比例均有所升高。此外,终末调查时干预组在与异性交往过程中"碰到过问题"比例的降低有统计学意义(见表2-22)。

表2-22 调查对象与异性一般交往的情况

单位:份,%

问题	基线调查 对照组 数量	基线调查 对照组 占比	基线调查 干预组 数量	基线调查 干预组 占比	终末调查 对照组 数量	终末调查 对照组 占比	终末调查 干预组 数量	终末调查 干预组 占比
与异性同学交往的感觉								
兴奋	7	4.00	5	2.65	8	4.32	6	3.03
紧张或害羞	63	36.00	57	30.16	51	27.57	65	32.83
没有异常感觉	88	50.29	106	56.08	117	63.24	121	61.11
其他	17	9.71	21	11.11	9	4.86	6	3.03
χ^2, P 值	$\chi_1^2=1.8635$	$P_1=0.1722$			$\chi_2^2=0.5170$	$P_2=0.4721$		
	$\chi_3^2=0.1723$	$P_3=0.6781$			$\chi_4^2=3.1425$	$P_4=0.0763$		
与异性交往的方式								
小团体	134	76.57	148	78.31	108	58.38	123	62.12
单独	23	13.14	19	10.05	28	15.14	37	18.69
不想与异性交往	18	10.29	22	11.64	49	26.49	38	19.19
χ^2, P 值	$\chi_1^2=0.0030$	$P_1=0.9565$			$\chi_2^2=1.6868$	$P_2=0.1940$		
	$\chi_3^2=17.0549$	$P_3<0.0001$			$\chi_4^2=9.7386$	$P_4=0.0018$		
有没有碰到过问题								
有	18	10.29	14	7.41	24	12.97	38	19.19
没有	157	89.71	175	92.59	161	87.03	160	80.81
χ^2, P 值	$\chi_1^2=0.9363$	$P_1=0.3332$			$\chi_2^2=2.7192$	$P_2=0.0991$		
	$\chi_3^2=0.6284$	$P_3=0.4279$			$\chi_4^2=9.7386$	$P_4=0.0018$		

四 学生对性教育的态度和需求

终末调查时干预组学生认为自己性相关知识足够的比例为24.75%，比基线时有所增加。干预后干预组有17.68%的学生认为青少年性教育应该从6岁以下就开始，比例有所提高；对照组该比例为3.78%，变化较小（见表2-23）。

表2-23 调查对象对青少年性教育的态度和需求

单位：份，%

问题	基线调查 对照组 数量	基线调查 对照组 占比	基线调查 干预组 数量	基线调查 干预组 占比	终末调查 对照组 数量	终末调查 对照组 占比	终末调查 干预组 数量	终末调查 干预组 占比
你认为自己的性相关知识是否足够								
足够	14	8.00	16	8.47	46	24.86	49	24.75
有一些	96	54.86	108	57.14	114	61.62	122	61.62
很欠缺	65	37.14	65	34.39	25	13.51	27	13.64
χ^2，P值	$\chi_1^2=0.2576$		$P_1=0.6118$		$\chi_2^2=0.0015$		$P_2=0.9693$	
	$\chi_3^2=35.8918$		$P_3<0.0001$		$\chi_4^2=33.0079$		$P_4<0.0001$	
你认为自己是否有性相关问题								
是	1	0.57	1	0.53	9	4.86	4	2.02
不知道	58	33.14	68	35.98	75	40.54	54	27.27
否	116	66.29	120	63.49	101	54.59	140	70.71
χ^2，P值	$\chi_1^2=0.2851$		$P_1=0.5934$		$\chi_2^2=11.1011$		$P_2=0.0009$	
	$\chi_3^2=7.6398$		$P_3=0.0057$		$\chi_4^2=1.2610$		$P_4=0.2615$	
你认为青少年应该从几岁起接受性教育（岁）								
<6	10	5.71	10	5.29	7	3.78	35	17.68
6至12（不含）	92	52.57	104	55.03	70	37.84	71	35.86
12至18（不含）	65	37.14	55	29.10	92	49.73	65	32.83
≥18	8	4.57	20	10.58	16	8.65	27	13.64

续表

问题	基线调查				终末调查			
	对照组		干预组		对照组		干预组	
	数量	占比	数量	占比	数量	占比	数量	占比
χ^2, P 值	$\chi_1^2=0.3452$		$P_1=0.5568$		$\chi_2^2=5.9639$		$P_2=0.0146$	
	$\chi_3^2=9.6582$		$P_3=0.0019$		$\chi_4^2=0.0869$		$P_4=0.7682$	

终末调查时，干预组学生认为学校有必要开设有关性与生殖健康教育课程的比例有所升高，知道所在学校开设了相关课程的比例也有所升高（见表2-24）。

表2-24 调查对象对学校性教育的态度

单位：份，%

问题	基线调查				终末调查			
	对照组		干预组		对照组		干预组	
	数量	占比	数量	占比	数量	占比	数量	占比
你认为学校是否有必要开设相关课程								
是	159	90.86	161	85.19	138	74.59	189	95.45
否	16	9.14	28	14.81	47	25.41	9	4.55
χ^2, P 值	$\chi_1^2=2.7433$		$P_1=0.0977$		$\chi_2^2=33.2500$		$P_2<0.0001$	
	$\chi_3^2=16.4280$		$P_3<0.0001$		$\chi_4^2=11.7634$		$P_4=0.0006$	
所在学校是否开设了相关课程								
是	25	14.29	27	14.29	25	13.51	41	20.71
否	44	25.14	54	28.57	70	37.84	67	33.84
不知道	106	60.57	108	57.14	90	48.65	90	45.45
χ^2, P 值	$\chi_1^2=0.2000$		$P_1=0.6548$		$\chi_2^2=1.8589$		$P_2=0.1727$	
	$\chi_3^2=16.4280$		$P_3<0.0001$		$\chi_4^2=5.5059$		$P_4=0.0190$	
是否足够								
是	41	41.84	53	51.96	44	59.46	51	76.12
否	19	19.39	13	12.75	12	16.22	4	5.97

续表

问题	基线调查 对照组 数量	占比	干预组 数量	占比	终末调查 对照组 数量	占比	干预组 数量	占比
不确定	38	38.78	36	35.29	18	24.32	12	17.91
χ^2, P 值	$\chi_1^2 = 1.1091$		$P_1 = 0.2923$		$\chi_2^2 = 2.7578$		$P_2 = 0.0968$	
	$\chi_3^2 = 5.4493$		$P_3 = 0.0196$		$\chi_4^2 = 8.7858$		$P_4 = 0.0030$	

终末调查时，干预组调查对象"希望学校开展性教育"的比例有所增加，而对照组则有所下降，干预组和对照组相比差异有统计学意义，干预组明显高于对照组（见表2–25）。

表2–25 调查对象对学校性教育的需求

单位：份，%

问题	基线调查 对照组 数量	占比	干预组 数量	占比	终末调查 对照组 数量	占比	干预组 数量	占比
你希望学校开展性教育吗								
希望	117	66.86	117	61.90	84	45.41	155	78.28
无所谓	50	28.57	54	28.57	72	38.92	27	13.64
不希望	8	4.57	18	9.52	29	15.68	16	8.08
χ^2, P 值	$\chi_1^2 = 2.2926$		$P_1 = 0.1300$		$\chi_2^2 = 32.2201$		$P_2 < 0.0001$	
	$\chi_3^2 = 20.9559$		$P_3 < 0.0001$		$\chi_4^2 = 7.4259$		$P_4 = 0.0064$	
希望开展哪些方面的性教育								
和异性正常交往	80	47.62	82	45.05	43	24.29	97	49.74
性发育知识	90	53.57	94	51.65	85	48.02	41	21.03
青春期保健知识	120	71.43	126	69.23	118	66.67	93	47.69
健康性心理	122	72.62	134	73.63	1	0.56	137	70.26
避孕知识	39	23.21	41	22.53	0	0.00	11	5.64
性病、艾滋病防护	70	41.67	78	42.86	1	0.56	67	34.36

续表

问题	基线调查 对照组 数量	基线调查 对照组 占比	基线调查 干预组 数量	基线调查 干预组 占比	终末调查 对照组 数量	终末调查 对照组 占比	终末调查 干预组 数量	终末调查 干预组 占比
其他	3	1.81	7	3.85	8	4.52	5	2.58
性教育形式								
教材讲解	93	55.36	93	51.10	58	32.40	61	31.12
讲座	107	63.69	123	67.58	104	58.10	112	57.14
电视录像	86	51.19	88	48.35	51	28.49	79	40.31
人体模型讲解	95	56.55	99	54.40	42	23.46	43	21.94
宣传折页	35	20.83	31	17.03	24	13.41	44	22.45
一对一咨询	37	22.02	43	23.63	24	13.41	46	23.47
其他	2	1.21	4	2.21	3	1.69	6	3.08

采用 logistic 回归分析组别和时间对"是否希望学校开展性教育"的交互作用（见表 2-26），结果显示：组别和时间的交互作用项有统计学意义，说明干预活动使学生希望学校开展性教育的比例增加。表 2-27"是否希望学校开展性教育"的多因素 logistic 回归分析结果显示：组别对学生"是否希望学校开展性教育"有影响，母亲学历为大专的对象更倾向于不希望学校开展性教育，干预组对象更希望学校开展性教育。

表 2-26　"是否希望学校开展性教育"的交互作用分析

效应	参数估计（β）	标准误	χ^2	P
截距 1	-2.3555	0.1285	336.1891	<0.0001
截距 2	-0.5760	0.0787	53.5384	<0.0001

续表

效应	参数估计(β)	标准误	χ^2	P
组别(干预组/对照组)	0.2835	0.0771	13.5031	0.0002
时间点(终末/基线)	−0.0391	0.0770	0.2580	0.6115
组别×时间	−0.4149	0.0773	28.8020	<0.0001

注：因变量赋值：希望=1，无所谓=2，不希望=3。下同。

表2−27 "是否希望学校开展性教育"的多因素 logistic 回归分析

变量	比较组	参照组	OR	95% CI		aOR	Adjusted 95% CI	
组别	干预组	对照组	0.567	0.422	0.762	0.577	0.426	0.783
时间点	终末	基线	1.149	0.856	1.543	1.034	0.758	1.412
性别	男	女				0.719	0.528	0.979
父亲文化程度	高中、中专	初中及以下				0.495	0.237	1.035
	大专					0.483	0.222	1.051
	本科及以上					0.515	0.227	1.167
母亲文化程度	高中、中专	初中				1.405	0.659	2.993
	大专					2.363	1.043	5.352
	本科及以上					1.170	0.496	2.760
主要居住方式	与(外)祖父母一起	与父母一起住				0.868	0.538	1.403
	其他					0.544	0.209	1.419
家庭人均月收入(元)	2000至4000(不含)	<2000				0.761	0.317	1.827
	4000至6000(不含)					1.055	0.467	2.381
	≥6000					0.820	0.373	1.803

注：OR为包含时间和组别的分析结果；aOR为包含这7个变量的分析结果。

第三章 老师和家长生殖健康知识调查及现状分析

第一节 上海市中小学老师调查结果分析

一 人口学特征

本研究基线共调查老师112人,其中,男教师17人,女教师95人。调查初中和高中老师各41人,小学老师30人。调查老师以班主任老师为主,占53.57%,学历以本科学历为主,占74.11%(见表3-1)。

表3-1 人口学特征(N=112)

单位:份,%

变量	数量	占比
性别		
男	17	15.18

续表

变量	数量	占比
女	95	84.82
目前所在学校		
小学	30	26.79
初中	41	36.61
高中	41	36.61
目前职务		
班主任	60	53.57
心理老师	1	0.89
语文老师	7	6.25
数学老师	5	4.46
其他	39	34.82
文化程度		
高中、中专	0	0.00
大专	8	7.14
本科	83	74.11
研究生及以上	21	18.75

二 老师对生理知识了解情况

在调查老师中，对于女性每月排卵时间的回答正确率为45.54%，对于从怀孕到分娩所需时间的回答正确率为74.11%；对能调节睾丸内温度器官的回答正确率为44.64%，对艾滋病病毒侵犯系统的回答正确率为81.25%（见表3－2）。

表3-2 老师对生理知识掌握情况

单位：份，%

问题	回答情况 数量	回答情况 占比	答对情况 正确率	答对情况 错误率	答对情况 不知晓率
女性每月排卵的时间			45.54	37.5	16.96
下次月经前第4至6天	13	11.61			
下次月经前第14至16天	51	45.54			
月经结束后的第14至16天	17	15.18			
月经结束后的第4至6天	12	10.71			
不知道	19	16.96			
从怀孕到分娩需要的时间（天）			74.11	21.43	4.46
300	20	17.86			
280	83	74.11			
266	4	3.57			
不知道	5	4.46			
什么器官能调节睾丸内温度			44.64	14.29	41.07
阴囊	50	44.64			
附睾	6	5.36			
精囊腺	9	8.04			
阴茎	1	0.89			
不知道	46	41.07			
艾滋病病毒主要侵犯人体哪个系统			81.25	12.5	6.25
生殖系统	10	8.93			
神经系统	2	1.79			
免疫系统	91	81.25			
循环系统	2	1.79			
不知道	7	6.25			

三 老师对性与生殖健康相关知识了解情况

老师对性与生殖健康相关知识的了解情况如表3-3所示，有20%左右的对象不知道相关知识点。

表3-3 老师对性与生殖健康相关知识了解情况

单位：份，%

问题	是 数量	是 占比	否 数量	否 占比	不知道 数量	不知道 占比
关于男用安全套,说法是否正确						
吹气检查完整性	71	63.39	15	13.39	26	23.21
仅射精前戴上就可预防疾病	3	2.68	88	78.57	21	18.75
仅射精前戴上就可避孕	14	12.50	79	70.54	19	16.96
安全套破裂,需要采取紧急避孕措施	95	84.82	0	0.00	17	15.18
哪些属于生殖道感染						
艾滋病病毒感染	45	40.18	45	40.18	22	19.64
细菌性阴道炎	93	83.04	2	1.79	17	15.18
老年性阴道炎	57	50.89	30	26.79	25	22.32
霉菌性阴道炎	89	79.46	5	4.46	18	16.07
滴虫性阴道炎	88	78.57	4	3.57	20	17.86
哪些是性病症状						
男性尿道出现分泌物	44	39.29	36	32.14	32	28.57
外阴赘生物	62	55.36	21	18.75	29	25.89
女性下腹疼痛	28	25.00	43	38.39	41	36.61
尿急、尿频、尿痛	26	23.21	48	42.86	38	33.93

四 对不同性行为的态度

对于不同性行为，非常反对婚前性行为的对象占25.89%，非常反对婚外性行为的对象占57.14%，非常反对商业性行为的对象占71.43%，非常反对同性性行为的对象占45.54%（见表3-4）。

表3-4 老师对不同性行为的态度

单位：份，%

态度	婚前性行为 数量	婚前性行为 占比	婚外性行为 数量	婚外性行为 占比	商业性行为 数量	商业性行为 占比	同性性行为 数量	同性性行为 占比
非常反对	29	25.89	64	57.14	80	71.43	51	45.54
反对	27	24.11	39	34.82	21	18.75	26	23.21
中立	52	46.43	9	8.04	11	9.82	35	31.25
赞成	4	3.57	0	0.00	0	0.00	0	0.00
非常赞成	0	0.00	0	0.00	0	0.00	0	0.00

五 对待早恋的态度

对于早恋，56.25%的老师表示无所谓，碰到所教学生早恋情况的比例为63.39%（见表3-5）。

表3-5 老师对于早恋的态度

单位：份，%

问题	回答情况 数量	回答情况 占比
您对早恋的态度		
非常反对	9	8.04

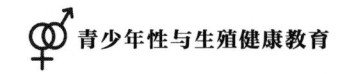

续表

问题	回答情况	
	数量	占比
反对	37	33.04
无所谓	63	56.25
赞成	3	2.68
非常赞成	0	0.00
您认为多少岁算早恋(岁)		
<12	25	22.32
12 至 15(不含)	56	50.00
≥15	25	22.32
无所谓	6	5.36
您是否碰到所教学生早恋		
是	71	63.39
否	28	25.00
不知道	13	11.61

六 对于亲密接触行为的看法

在调查对象中,56.25%的老师对于学生彼此之间的接吻、拥抱和相互抚摸等行为抱有可以理解的态度;6.25%的老师同意男孩和女孩之间可以有性行为,13.39%的老师同意男孩和女孩如果相爱可以有性行为,12.50%的老师同意如果男孩和女孩使用了避孕方法可以有性行为(见表3-6至表3-7)。

表 3-6 老师对于亲密接触行为的看法

单位：份，%

问题	回答情况	
	数量	占比
你如何看待男孩和女孩间的接吻、拥抱和相互抚摸		
支持	0	0.00
可以理解	63	56.25
反对	49	43.75
无所谓	0	0.00

表 3-7 对待学生发生性行为的态度

单位：份，%

问题	回答情况	
	数量	占比
是否同意男孩和女孩可以有性行为		
同意	7	6.25
不确定	30	26.79
不同意	75	66.96
是否同意男孩和女孩如果相爱可以有性行为		
同意	15	13.39
不确定	32	28.57
不同意	65	58.04
是否同意如果男孩和女孩使用了避孕方法可以有性行为		
同意	14	12.50
不确定	25	22.32
不同意	73	65.18

七 对意外怀孕情况的看法

在调查对象中，61.61%的老师认为未婚妈妈是可以理解的（见表 3-8）。

表3-8 老师对意外怀孕情况的看法

单位：份，%

问题	回答情况	
	数量	占比
对未婚妈妈的看法		
正常,社会发展的必然	6	5.36
可以理解	69	61.61
难以接受	33	29.46
无所谓	4	3.57

八　对生殖健康教育现状的认知

在调查对象中，46.43%的老师没有对学生提供过性与生殖健康教育，61.61%的老师没有接受过性与生殖健康教育的相关培训，认为有必要参加更多培训的老师占64.55%；58.04%的老师认为我国目前的性与生殖健康教育情况亟须完善；91.96%的老师认为学校有必要开设性与生殖健康教育相关课程，74.11%的老师认为家长应该主要承担孩子性与生殖健康教育的责任（见表3-9至表3-11）。

表3-9 老师从事性与生殖健康教育的情况

单位：份，%

问题	回答情况	
	数量	占比
您是否对学生提供过性与生殖健康教育		
经常	9	8.04
偶尔	51	45.54

续表

问题	回答情况	
	数量	占比
没有	52	46.43
您是否接受过性与生殖健康教育的相关培训		
经常	8	7.14
偶尔	35	31.25
没有	69	61.61
您认为是否有必要参加更多的培训		
有必要	71	64.55
无所谓	31	28.18
没必要	8	7.27

表3-10 老师对我国性与生殖健康教育的认知

单位：份，%

问题	回答情况	
	数量	占比
我国目前的性与生殖健康教育情况		
很完善了	1	0.89
有待完善	46	41.07
亟须完善	65	58.04
没有必要开展	0	0.00
应该从何时开始接受性与生殖健康教育（岁）		
<6	37	33.04
6至12（不含）	56	50.00
12至18（不含）	19	16.96
≥18	0	0.00

表3-11 老师对学校开展性与生殖健康教育的认知

单位：份，%

问题	数量	占比
学校是否有必要开设性与生殖健康教育相关课程		
有必要	103	91.96
无所谓	6	5.36
没必要	3	2.68
所在学校是否开展了性与生殖健康相关的教育		
是	68	60.71
否	19	16.96
不知道	25	22.32
所在学校是否提供性与生殖健康有关的咨询服务		
是	46	41.07
否	22	19.64
不知道	44	39.29
您认为谁应该主要承担孩子性与生殖健康教育的责任		
孩子本人	5	4.46
学校	13	11.61
家长	83	74.11
社会	7	6.25
其他	4	3.57

第二节　上海市学生家长调查结果分析

一　人口学特征

调查学生的家长共计307人，以在婚为主，占到92.83%，文化程度以本科及以上为主，主要为独生子女家长（见表3-12）。

表3-12 人口学特征

单位：份，%

变量	数量	占比
家庭人均月收入(元)		
<1000	2	0.65
1000至2000(不含)	14	4.56
2000至4000(不含)	79	25.73
4000至6000(不含)	81	26.38
≥6000	131	42.67
目前的婚姻状况		
在婚	285	92.83
丧偶	5	1.63
离婚	15	4.89
分居	1	0.33
其他	1	0.33
与被调查孩子的关系		
亲生父亲	111	36.16
亲生母亲	193	62.87
养父	3	0.98
养母	0	0.00
文化程度		
小学	1	0.33
初中	46	14.98
高中、中专、技校、职校	81	26.38
大专	75	24.43
本科及以上	104	33.88
职业		
无业或待业	20	6.51
工人	42	13.68
行政干部	19	6.19
商业服务人员	61	19.87
专业技术人员	56	18.24

续表

变量	数量	占比
个体从业者	23	7.49
文教卫生	49	15.96
农民	2	0.65
其他	35	11.40
孩子及性别		
1男	108	35.18
1女	165	53.75
1男1女	17	5.54
2男	4	1.30
2女	10	3.26
3个及以上	3	0.98

二 家长对生理知识了解情况

在调查对象中，对于女性每月排卵时间的回答正确率为28.66%，对于从怀孕到分娩所需时间的回答正确率为56.03%；对于能调节睾丸内温度器官的回答正确率为30.62%，对于艾滋病病毒侵犯系统的回答正确率为70.36%（见表3-13）。

表3-13 家长对生理知识掌握情况

单位：份，%

问题	回答情况		答对情况		
	数量	占比	正确率	错误率	不知晓率
女性每月排卵的时间			28.66	40.72	30.62
下次月经前第4至6天	46	14.98			
下次月经前第14至16天	88	28.66			

续表

问题	回答情况		答对情况		
	数量	占比	正确率	错误率	不知晓率
月经结束后的第 14 至 16 天	50	16.29			
月经结束后的第 4 至 6 天	29	9.45			
不知道	94	30.62			
从怀孕到分娩需要的时间（天）			56.03	35.83	8.14
300	87	28.34			
280	172	56.03			
266	23	7.49			
不知道	25	8.14			
什么器官能调节睾丸内温度			30.62	20.19	49.19
阴囊	94	30.62			
附睾	33	10.75			
精囊腺	25	8.14			
阴茎	4	1.30			
不知道	151	49.19			
艾滋病病毒主要侵犯人体哪个系统			70.36	16.94	12.70
生殖系统	48	15.64			
神经系统	2	0.65			
免疫系统	216	70.36			
循环系统	2	0.65			
不知道	39	12.70			

三 家长对性与生殖健康相关知识了解情况

家长对于性与生殖健康相关知识的了解情况如表 3-14 所示，30% 左右的对象不知道相关知识点。

表 3-14 家长对性与生殖健康相关知识了解情况

单位：份，%

问题	是 数量	是 占比	否 数量	否 占比	不知道 数量	不知道 占比
关于男用安全套,说法是否正确						
吹气检查完整性	170	55.37	41	13.36	96	31.27
仅射精前戴上就可预防疾病	19	6.19	206	67.10	82	26.71
仅射精前戴上就可避孕	52	16.94	176	57.33	79	25.73
安全套破裂,需要采取紧急避孕措施	232	75.57	11	3.58	64	20.85
哪些属于生殖道感染						
艾滋病病毒感染	140	45.60	87	28.34	80	26.06
细菌性阴道炎	222	72.31	14	4.56	71	23.13
老年性阴道炎	120	39.09	91	29.64	96	31.27
霉菌性阴道炎	214	69.71	21	6.84	72	23.45
滴虫性阴道炎	213	69.38	19	6.19	75	24.43
哪些是性病症状						
男性尿道出现分泌物	113	36.81	69	22.48	125	40.72
外阴赘生物	159	51.79	43	14.01	105	34.20
女性下腹疼痛	65	21.17	130	42.35	112	36.48
尿急、尿频、尿痛	75	24.43	122	39.74	110	35.83

四 家庭教育模式

家长与孩子的相处及教育模式的特征如表 3-15 所示。

表 3-15 家庭教育模式（N=307）

单位：%

日常生活中您是否有以下特点	总是	经常	一般	偶尔	从不
G901. 注意孩子的情绪变化	39.74	44.95	10.42	3.58	1.3
G902. 孩子有话对您说时,不管多忙也耐心听	32.9	40.72	19.54	5.86	0.98
G903. 对孩子问的"为什么",不知道就承认	41.69	34.53	15.64	6.19	1.95
G904. 和孩子争论,有了错误,能向孩子承认	37.13	31.27	22.15	7.82	1.63
G905. 对孩子许诺的事,说到做到	41.37	38.11	16.61	3.58	0.33
G906. 批评孩子时,允许他辩解、反驳	27.69	43.65	17.92	7.82	2.93
G907. 当孩子做错事后,打骂孩子	4.23	4.89	15.64	46.91	28.34
G908. 当孩子遇到挫折时,鼓励他	44.95	35.5	15.96	2.93	0.65
G909. 别人指出孩子的缺点时,不护短	39.09	32.57	17.92	5.54	4.89
G910. 欢迎孩子的朋友来家里玩	40.07	32.9	18.89	6.84	1.3
G911. 给孩子自由活动的时间、空间	43.32	36.81	14.98	4.56	0.33
G912. 过问孩子的学习情况	51.47	35.5	11.07	1.3	0.65
G913. 与学校、教师保持联系	30.94	30.94	25.08	11.07	1.95
G914. 翻看孩子的日记来了解他的情况	4.23	5.86	14.33	22.15	53.42
G915. 孩子打完电话后,要问清楚	17.92	20.2	21.17	25.41	15.31
G916. 给孩子自主购物的机会	30.29	33.55	27.04	7.17	1.95
G917. 担心或限制孩子与异性同学的交往	5.54	11.4	25.08	23.45	34.53
G918. 就家中的一些事,征求孩子的意见	22.48	39.41	26.38	9.12	2.61

五 对不同性行为的态度

对于不同性行为，非常反对婚前性行为的对象占 29.97%，非常反对婚外性行为的对象占 61.56%，非常反对商业性行为的对象占 64.17%，非常反对同性性行为的对象占 55.37%（见表 3-16）。

表 3-16　家长对不同性行为的态度

单位：份，%

态度	婚前性行为 数量	占比	婚外性行为 数量	占比	商业性行为 数量	占比	同性性行为 数量	占比
非常反对	92	29.97	189	61.56	197	64.17	170	55.37
反对	88	28.66	85	27.69	74	24.10	67	21.82
中立	122	39.74	32	10.42	35	11.40	63	20.52
赞成	5	1.63	1	0.33	0	0.00	2	0.65
非常赞成	0	0.00	0	0.00	1	0.33	5	1.63

六　对待早恋的态度

对于早恋，42.02%的家长表示反对，自己孩子存在早恋情况的比例为7.49%（见表3-17）。

表 3-17　家长对待早恋的态度

单位：份，%

问题	回答情况 数量	占比
您对早恋的态度		
非常反对	84	27.36
反对	129	42.02
无所谓	91	29.64
赞成	3	0.98
非常赞成	0	0.00
您认为多少岁算早恋（岁）		
<12	27	8.79
12 至 15（不含）	124	40.39
≥15	145	47.23
无所谓	11	3.58

续表

问题	回答情况	
	数量	占比
您的孩子是否早恋过		
是	23	7.49
否	240	78.18
不知道	44	14.33

七 对性与生殖健康教育现状的认知

在调查对象中，43.65%的家长认为自身应该主要承担孩子性与生殖健康教育的责任，也有36.16%的家长认为学校应该主要承担孩子性与生殖健康教育的责任；认为学校有必要开展性与生殖健康相关的教育的家长占84.36%（见表3-18）。

表3-18 家长对开展性与生殖健康教育的认知

单位：份，%

问题	回答情况	
	数量	占比
您认为谁应该主要承担孩子性与生殖健康教育的责任		
孩子本人	24	7.82
学校	111	36.16
家长	134	43.65
社会	16	5.21
其他	22	7.17
孩子所在学校是否开展了性与生殖健康相关的教育		
经常	41	13.36
偶尔	106	34.53

续表

问题	回答情况 数量	占比
没有	17	5.54
不清楚	143	46.58
学校是否有必要开展性与生殖健康相关的教育		
有必要	259	84.36
无所谓	31	10.10
没必要	17	5.54

第三节　杭州市萧山区中小学老师调查结果分析

一　基本情况

调查共发放问卷132份，回收有效问卷122份，有效率为92.4%。小学老师39人，初中老师40人，高中老师43人。平均年龄为39.09±6.81岁。[①] 调查对象的基本人口学特征如表3-19所示。

表3-19　调查对象的基本人口学特征

单位：份，%

变量	数量	占比
所在学校		
小学	39	31.97
初中	40	32.79
高中	43	35.25

---

① 此处平均年龄用平均值和标准差表示，全书同。

续表

变量	数量	占比
性别		
男	44	36.07
女	78	63.93
年龄组（岁）		
<30	6	6.45
30至35（不含）	24	25.81
35至40（不含）	37	39.78
≥40	26	27.96
文化程度		
高中、中专	2	1.64
大专	7	5.74
本科	113	92.62

二 调查对象的性与生殖健康知识和态度

对相关性与生殖健康知识的调查显示，老师回答正确率最高的问题是"艾滋病主要侵犯的系统"，回答正确率为87.60%，而对"女性每月排卵时间""调节睾丸温度的器官"的回答正确率较低，不到60%。关于男用安全套方面的知识，回答正确率最高的是"安全套破裂，需采用紧急避孕"（91.74%）；关于生殖道感染方面的知识，回答正确率在26%至86%，而对于性病知识的回答正确率仅在32%至55%（见表3-20、表3-21）。

表 3-20　调查对象的性与生殖健康相关知识

单位：份，%

问题	数量	占比
女性每月排卵时间		
下次月经前第 4 至 6 天	15	12.30
下次月经前第 14 至 16 天#	66	54.10
月经结束后的第 14 至 16 天	26	21.31
月经结束后的第 4 至 6 天	5	4.10
不知道	10	8.20
怀孕到分娩的时间(天)		
300	9	7.38
280#	99	81.15
266	7	5.74
不知道	7	5.74
调节睾丸温度的器官		
阴囊#	70	57.85
附睾	4	3.31
精囊腺	9	7.44
阴茎	38	41.40
不知道		
艾滋病主要侵犯的系统		
生殖系统	8	6.61
神经系统	1	0.83
免疫系统#	106	87.60
循环系统	0	0.00
不知道	6	4.96

注：#为正确答案。

表3-21 调查对象的性与生殖健康相关知识（续）

问题	是	否	不知道
男用安全套的说法是否正确			
吹气检查避孕套的完整性	87(72.50)	16(13.33)#	17(14.17)
仅在射精前戴上就可预防性病/艾滋病	14(11.57)	97(80.17)#	10(8.26)
仅在射精前戴上就可避孕	21(17.36)	92(76.03)#	8(6.61)
安全套破裂,需采用紧急避孕	111(91.74)#	4(3.31)	6(4.96)
哪些属于生殖道感染			
艾滋病病毒感染	67(55.83)#	39(32.50)	14(11.67)
细菌性阴道炎	101(84.47)#	5(4.20)	13(10.92)
老年性阴道炎	61(51.26)	32(26.89)#	26(21.85)
霉菌性阴道炎	98(81.67)#	9(7.50)	13(10.83)
滴虫性阴道炎	103(85.83)#	4(3.33)	13(10.83)
哪些是常见的性病症状			
男性尿道出现分泌物	65(53.72)#	28(23.14)	28(23.14)
外阴赘生物	63(52.50)#	32(36.67)	25(20.83)
女性下腹疼痛	21(17.65)	65(54.62)#	33(27.73)
尿急、尿频、尿痛	39(32.77)#	55(46.22)	25(21.01)

注：#为正确答案。表中括号外数字为问卷的份数，单位为份；括号内数字为该项占全部样本的比例，单位为%。以下表格类似情况同此注。

将上述16个知识点转化为百分制得分，计算老师的知识得分，按答对1题得1分，答错或不知道得0分，转换为总分100分进行计算，结果显示，对象的平均知识得分为62.20±15.97分。按照60分为及格进行分组，结果显示，所调查老师的性与生殖健康知识得分及格比例为59.02%（72人）。

对有关性行为态度的分析结果显示，大多数被调查的老师对婚前性行为、婚外性行为、商业性行为和同性性行为持"非常反对"、"反对"或"中立"态度，持"赞成"态度的比例很低，但是有超过50%的老师对婚前性行为和学生早恋保持"中立"的态度，可见其对婚前性行为和学生恋爱表现出一定的宽容（见表3-22）。有57.02%的老师认为12至15（不含）岁算早恋。74.38%的老师表示所教学生中出现过早恋的情况，而其中有36.26%的老师对学生早恋表示保持中立，12.09%的老师表示会尽量拆散（见表3-23）。

表3-22 老师对不同类型性行为和早恋的态度

类型	非常反对	反对	中立	赞成	非常赞成
婚前性行为	22(18.18)	27(22.31)	63(52.07)	7(5.79)	2(1.65)
婚外性行为	53(43.80)	54(44.63)	13(10.74)	1(0.83)	0(0.00)
商业性行为	70(57.85)	34(28.10)	15(12.40)	2(1.65)	0(0.00)
同性性行为	40(33.06)	35(28.93)	43(35.54)	3(2.48)	0(0.00)
早恋	19(15.70)	32(26.45)	70(57.85)	0(0.00)	0(0.00)

表3-23 老师对早恋时间的认知和处理方式

单位：份，%

问题	数量	占比
什么年龄算早恋(岁)		
<12	11	9.09
12至15(不含)	69	57.02
15至18(不含)	36	29.75
无所谓	5	4.13
您所教学生是否早恋过		
是	90	74.38
否	21	17.36
不知道	10	8.26

续表

问题	数量	占比
处理方式		
尽量拆散	11	12.09
保持中立	22	36.26
鼓励	1	1.10
告知其家长	14	15.38
与我无关	0	0.00
其他	32	35.16

对异性间未婚性相关行为的态度，大多数老师均表示不认同，47.11%的老师对男女生间的接吻、拥抱、抚摸等行为表示理解；超过60%的老师对未婚男女间的性行为表示不认同；45.45%的老师表示对未婚妈妈能够理解，但是也有34.71%的老师表示难以接受（见表3-24）。

表3-24　老师对异性间性相关行为的态度

单位：份，%

问题	数量	占比
如何看待男女生间的接吻、拥抱、抚摸等行为		
支持	4	3.31
可以理解	57	47.11
反对	60	49.59
是否认同未婚男女间有性行为		
认同	12	10.00
不确定	26	21.67
不认同	82	68.33
是否认同未婚男女间如果相爱可以有性行为		
认同	19	15.70

续表

问题	数量	占比
不确定	28	23.14
不认同	74	61.16
是否认同未婚男女间如果避孕可以有性行为		
认同	18	15.00
不确定	30	25.00
不认同	72	60.00
如何看未婚妈妈		
正常	22	18.18
可以理解	33	45.45
难以接受	42	34.71
无所谓	2	1.65

三 老师提供性与生殖健康教育情况

本次调查显示，仅有50.83%的老师为学生提供过性与生殖健康相关的教育，而其中47.50%的老师表示仅是偶尔提供教育。接受过性与生殖健康教育相关培训的老师不到25%，而78.51%的老师认为有必要参加相关培训（见表3-25）。在接受过培训的老师中，接受培训的主要形式是讲座（82.14%），接受过参与式培训的仅4人（14.29%），接受过现场交流形式培训的有9人（32.14%），培训的内容主要有"青春期保健知识"（79.31%）、"健康性心理知识"（70.00%）、"性发育知识"（65.52%）、"指导学生正确的异性交往"（60.71%）。

表 3-25 教师提供性与生殖健康教育的情况

单位：份，%

问题	数量	占比
是否提供过性与生殖健康教育		
经常	4	3.33
偶尔	57	47.50
没有	59	49.17
本人是否接受过相关培训		
经常	2	1.65
偶尔	28	23.14
没有	91	75.21
有必要参加相关培训吗		
有必要	95	78.51
无所谓	23	19.01
没必要	3	2.48

四 对学校性教育的态度及开课情况

在调查对象中，有55.37%的老师认为我国的性与生殖健康教育亟须完善，有34.71%的老师认为孩子的性教育应该从6岁以下开始，有41.32%的老师认为应该从6至12岁（不含）开始。绝大多数被调查的老师（90.08%）认为学校有必要开展性与生殖健康教育（见表3-26）。在谁应最主要承担孩子的性与生殖健康教育责任方面，50.41%的老师认为是"家长"，19.83%的老师认为是"学校"（见表3-27）。

表3-26　老师对学校性教育的态度

单位：份，%

问题	数量	占比
您认为我国性教育情况如何		
很完善	1	0.83
有待完善	53	43.80
亟须完善	67	55.37
没必要	0	0.00
您认为孩子从几岁开始进行性教育(岁)		
<6	42	34.71
6至12(不含)	50	41.32
12至18(不含)	28	23.14
≥18	1	0.83
您认为学校是否有必要开展性与生殖健康教育		
有必要	109	90.08
无所谓	9	7.44
没必要	3	2.48

表3-27　调查对象认为主要承担孩子性与生殖健康教育的责任人

单位：份，%

选项	数量	占比
孩子	17	14.05
学校	24	19.83
家长	61	50.41
社会及其他	19	15.70

在调查对象中，有60.83%的老师表示所在学校开设了性与生殖健康教育课程，主要内容有性发育知识、青春期保健知识、与异性正确交往知识等，79.73%的学生对所开设的课程有兴趣。

有36.99%的老师认为所开设的性与生殖健康教育课程效果很好，49.32%的老师表示效果一般（见表3-28）。

表3-28 学校开设性与生殖健康教育课程的情况

单位：份，%

问题	数量	占比
是否开设性与生殖健康教育		
是	73	60.83
否	23	19.17
不知道	23	20.00
是否开设以下内容		
与异性正确交往知识(N=71)	43	60.56
性发育知识(N=74)	67	90.54
青春期保健知识(N=74)	48	64.86
性心理(N=72)	29	40.28
避孕知识(N=71)	29	40.85
性病、艾滋病防护(N=71)	4	5.63
学生反应如何(N=74)		
有兴趣	59	79.73
敷衍	16	20.27
反感	0	0.00
效果如何(N=73)		
很好	27	36.99
一般	36	49.32
没效果	3	4.11
不知道	7	9.59

第四节 杭州市萧山区学生家长调查结果分析

一 基本情况

调查共发放问卷600份，回收有效问卷517份，有效率为86.17%。其中，小学生家长117人（22.63%），初中生家长199人（38.49%），高中生家长201人（38.88%）。平均年龄41.20±4.53岁。调查对象的基本人口学特征如表3-29所示。

表3-29 学生家长的基本人口学特征

单位：份，%

变量	数量	占比
年龄组（岁）		
<36	28	5.42
36至40（不含）	143	27.66
40至45（不含）	251	48.55
≥45	95	18.38
婚姻状况		
在婚	482	93.23
其他	35	6.77
与被调查学生的关系		
父亲	151	29.61
母亲	352	69.02
养父或养母	7	1.37
文化程度		
小学及以下	26	5.09
初中	158	30.92

续表

变量	数量	占比
高中、中专	129	25.24
大专	93	18.20
本科及以上	105	20.55
家庭人均月收入(元)		
<2000	50	10.08
2000 至 4000(不含)	131	26.41
4000 至 6000(不含)	131	26.41
≥6000	184	37.10
孩子数(及性别)		
1 个男孩	170	33.07
1 个女孩	181	35.21
2 个孩子	155	30.16
≥3 个孩子	8	1.56

二 对性与生殖健康知识和态度

对相关性与生殖健康知识的调查显示，学生家长的知识掌握程度较低。从表3-30可见，回答正确率最高的问题是"怀孕到分娩的时间"，回答正确率为65.16%，而仅有28.54%的对象能正确回答"女性每月排卵时间"。关于男用安全套方面的知识，回答正确率最高的是"安全套破裂，需采用紧急避孕"（79.48%），关于生殖道感染方面的知识，回答正确率在30%至76%，而对于性病知识的回答正确率仅在26%至55%（见表3-31）。对生殖健康所包含内容的回答正确率在28%至81%（见表3-32）。可见，学生家长对性与生殖健康知识的掌握非常不理想。

表 3-30 学生家长的性与生殖健康相关知识

单位：份，%

问题	数量	占比
女性每月排卵时间		
下次月经前第 4 至 6 天	62	12.38
下次月经前第 14 至 16 天#	143	28.54
月经结束后的第 14 至 16 天	128	25.55
月经结束后的第 4 至 6 天	62	12.38
不知道	106	21.16
怀孕到分娩的时间		
300 天	99	19.49
280 天#	331	65.16
266 天	48	9.45
不知道	30	5.91
调节睾丸温度的器官		
阴囊#	185	37.45
附睾	64	12.96
精囊腺	45	9.11
阴茎	5	1.01
不知道	195	39.47
艾滋病主要侵犯的系统		
生殖系统	122	24.25
神经系统	11	2.19
免疫系统#	288	57.26
循环系统	11	2.19
不知道	71	14.12

注：#为正确答案。

表 3-31 学生家长的性与生殖健康相关知识（续）

问题	是	否	不知道
男用安全套的说法是否正确			
吹气检查避孕套的完整性	318(64.11)	66(13.31)#	112(22.58)
仅在射精前戴上就可预防性病、艾滋病	41(8.51)	332(68.88)#	109(22.61)
仅在射精前戴上就可避孕	126(25.87)	259(53.18)#	102(20.94)
安全套破裂,需采用紧急避孕	395(79.48)#	16(3.22)	86(17.30)
哪些属于生殖道感染			
艾滋病病毒感染	260(53.39)#	134(27.52)	93(19.10)
细菌性阴道炎	368(75.26)#	36(7.36)	85(17.38)
老年性阴道炎	198(40.91)	150(30.99)#	136(28.10)
霉菌性阴道炎	354(72.10)#	38(7.74)	99(20.16)
滴虫性阴道炎	340(69.25)#	47(9.57)	104(21.18)
哪些是常见的性病症状			
男性尿道出现分泌物	210(42.60)#	118(23.94)	165(33.47)
外阴赘生物	269(54.67)#	73(14.84)	150(30.49)
女性下腹疼痛	103(21.37)	240(49.79)#	139(28.84)
尿急、尿频、尿痛	127(26.24)#	233(48.14)	124(25.62)

注：#为正确答案。

表 3-32 学生家长对"生殖健康"的回答情况

选项	是	否
有安全、满意的性生活	370(74.45)#	127(25.55)
没有皮癣等皮肤病	98(19.76)	398(80.24)#
能获得安全、有效、负担得起的避孕方法	284(57.26)#	212(42.74)
能成功妊娠	277(55.85)#	219(44.15)
能够避免性传播疾病	286(57.66)#	210(42.34)
没性虐待、性强迫或性骚扰	193(38.91)	303(61.09)
没有乳腺癌、乳腺增生等疾病	142(28.63)#	354(71.37)
能获得孕期保健、生育健康孩子	366(73.79)#	130(26.21)

对有关性行为态度的分析结果显示，大多数家长对婚前性行为、婚外性行为、商业性行为和同性性行为持反对态度，但是，也有33.27%的家长对婚前性行为持中立态度，17.43%的家长对学生早恋持中立态度，可见家长对婚前性行为和学生早恋表现出了一定的宽容（见表3-33）。有58.88%的家长认为15至18岁算早恋、32.73%的家长认为12至15岁算早恋。有3.21%的家长表示自己的孩子早恋过，10.42%的家长不知道孩子的早恋情况，56.25%的家长表示对待早恋会尽量拆散（见表3-34）。绝大多数家长认为青少年不能发生抚摸、拥抱、接吻、性交等性相关的行为（见表3-35）。

表3-33 学生家长对不同类型性行为和早恋的态度

类型	非常反对	反对	中立	赞成	非常赞成
婚前性行为	200(39.37)	128(25.20)	169(33.27)	7(1.38)	4(0.79)
婚外性行为	337(66.47)	131(25.84)	36(7.10)	0(0.00)	3(0.59)
商业性行为	346(68.24)	116(22.88)	42(8.28)	1(0.20)	2(0.39)
同性性行为	351(69.23)	96(18.93)	53(10.45)	1(0.20)	6(1.18)
早恋	215(42.57)	192(38.02)	88(17.43)	3(0.59)	7(1.39)

表3-34 学生家长对早恋时间的认知和处理方式

单位：份，%

问题	数量	占比
什么时间算早恋（岁）		
<12	32	6.39
12至15（不含）	164	32.73

续表

问题	数量	占比
15 至 18	295	58.88
无所谓	10	2.00
您的孩子是否早恋过		
是	16	3.21
否	431	86.37
不知道	52	10.42
处理方式		
尽量拆散	9	56.25
保持中立	6	37.50
鼓励	1	6.25

表 3-35　学生家长认为青少年是否可以有以下行为

类型	是	否
抚摸	46(9.04)	463(90.96)
拥抱	90(17.68)	419(82.32)
接吻	31(6.09)	478(93.91)
性交	31(6.09)	478(93.91)
以上都不可以	403(81.74)	90(18.26)

三　与子女之间的性相关问题交流情况

在与孩子的日常交流方面，家长做得比较好，但是也有一部分家长会"翻看孩子的日记来了解他的情况""孩子打完电话后，要问清楚"，分别有 11.09%、10.10% 的家长"总是"或"经常"担心或限制孩子与异性同学的交往（见表 3-36）。

表 3-36　家长与孩子日常交流情况

项目	总是	经常	一般	偶尔	从不
注意孩子的情绪变化	171 (33.86)	235 (46.53)	51 (10.10)	44 (8.71)	4 (0.79)
孩子有话对您说时,不管多忙也耐心听	173 (34.26)	199 (39.41)	93 (18.42)	35 (6.93)	5 (0.99)
对孩子问的"为什么",不知道就承认	220 (43.39)	143 (28.21)	63 (12.43)	50 (9.86)	31 (6.11)
和孩子争论,有了错误,能向孩子承认	168 (33.47)	171 (34.06)	78 (15.54)	71 (14.14)	14 (2.79)
对孩子许诺的事,说到做到	181 (35.84)	182 (36.04)	100 (19.80)	33 (6.53)	9 (1.78)
批评孩子时,允许他辩解、反驳	145 (28.77)	137 (27.18)	116 (23.02)	78 (14.48)	28 (5.56)
当孩子做错事后,打骂孩子	24 (4.73)	31 (6.11)	55 (10.85)	253 (49.90)	144 (28.40)
当孩子遇到挫折时,鼓励他	242 (47.83)	170 (33.60)	58 (11.46)	27 (5.34)	9 (1.78)
别人指出孩子的缺点时,不护短	206 (40.79)	148 (29.31)	87 (17.23)	42 (8.32)	22 (4.36)
欢迎孩子的朋友来家里玩	223 (44.07)	150 (29.64)	84 (16.60)	38 (7.51)	11 (2.17)
给孩子自由活动的时间、空间	202 (39.84)	198 (39.05)	75 (14.79)	26 (5.13)	6 (1.18)
过问孩子的学习情况	250 (49.31)	182 (35.90)	48 (9.47)	21 (4.14)	6 (1.18)
与学校、老师保持联系	119 (23.56)	111 (21.98)	139 (27.52)	120 (23.76)	16 (3.17)
翻看孩子的日记来了解他的情况	34 (6.71)	29 (5.72)	44 (8.68)	107 (21.10)	293 (57.79)
孩子打完电话后,要问清楚	89 (17.59)	105 (20.75)	106 (20.95)	141 (27.87)	65 (12.85)

续表

项目	总是	经常	一般	偶尔	从不
给孩子自主购物的机会	143 (28.37)	179 (35.52)	110 (21.83)	57 (11.31)	15 (2.98)
担心或限制孩子与异性同学的交往	56 (11.09)	51 (10.10)	125 (24.75)	114 (22.57)	159 (31.49)
就家中的一些事,征求孩子的意见	99 (19.64)	171 (33.93)	129 (25.60)	92 (18.25)	13 (2.58)

仅有36.45%的被调查家长表示主动对孩子进行过性与生殖健康相关的教育,内容方面主要是青春期保健知识(83.89%)、性发育知识(66.67%)、健康性心理知识(62.78%)等(见表3-37)。至于为什么没有对孩子进行教育,43.97%的家长表示现在孩子年龄还小,这一部分家长主要是小学生的父母,还有19.54%和14.66%的家长分别表示自己不好意思和自己也不清楚(见表3-38)。可见,要对青少年开展性与生殖健康教育,必须先对家长进行相关的教育,使其了解和掌握相关的性与生殖健康知识,并了解与孩子沟通和交流性知识的技巧。

表3-37 学生家长对孩子的性与生殖健康教育情况

问题	是	否
是否主动对孩子进行过性与生殖健康相关的教育	183(36.45)	319(63.55)
进行过哪方面的教育		
怎样和异性正常交往	99(54.40)	83(45.60)
性发育知识	120(66.67)	60(33.33)

续表

问题	是	否
青春期保健知识	151(83.89)	29(16.11)
健康性心理知识	113(62.78)	67(37.22)
避孕知识	16(8.89)	164(91.11)
性病、艾滋病防护	19(10.61)	160(89.39)

表3-38 学生家长没有对孩子进行性与生殖健康教育的原因

单位：份，%

选项	数量	占比
自己不好意思	60	19.54
孩子不愿意听	26	8.47
自己也不清楚	45	14.66
现在孩子年龄还小	135	43.97
其他	41	13.36

对孩子是否主动询问家长表3-39中的有关性与生殖健康方面的问题进行调查，结果显示，未询问的比例为61.96%（303人），而主动询问家长较多的问题是性发育知识（62.43%）、"青春期保健知识"（61.90%），还是侧重于性生理发育方面的知识比较多，而对于避孕知识，性病、艾滋病防护方面的关注比较少（见表3-39）。而对于怎么处理孩子的性问题，只有75.28%的家长表示自己给了孩子满意的回答（见表3-40）。

表3-39 孩子主动询问家长的性与生殖健康相关问题

问题	是	否
怎样和异性正常交往	43(22.75)	146(77.25)
性发育知识	118(62.43)	71(37.57)

续表

问题	是	否
青春期保健知识	117(61.90)	72(38.10)
健康性心理知识	64(34.04)	124(65.96)
避孕知识	21(11.23)	166(88.77)
性病艾滋病防护	17(9.83)	156(90.17)

表3-41 学生家长怎么处理孩子的性问题

单位：份，%

项目	数量	占比
给了孩子满意的回答	134	75.28
敷衍了事	10	5.62
避而不答	2	1.12
没有能力回答	10	5.62
训斥孩子	1	0.56
其他	21	11.80

四 对学校性教育的了解和需求

在谁应主要承担孩子的性与生殖健康教育责任方面，52.30%（261人）的家长认为是"家长"，33.67%（168人）的认为是"学校"，还有9.02%（45人）的认为是"孩子"本人，5.01%（25人）的认为是"社会及其他"途径。81.39%（411人）的家长认为学校有必要开展性与生殖健康教育，10.10%（51人）的认为"无所谓"，8.51%（43人）的认为"没必要"（见表3-41）。

表3-41 学生家长对孩子性与生殖健康教育方面的认知

单位：份，%

问题	数量	占比
谁应主要承担孩子的性与生殖健康教育责任		
孩子本人	45	9.02
学校	168	33.67
家长	261	52.30
社会及其他	25	5.01
您的孩子所在学校是否开展过生殖健康教育		
经常	18	3.60
偶尔	150	30.00
没有	63	12.60
不清楚	269	53.80
您是否参加过学校的生殖健康教育活动		
经常	6	3.51
偶尔	20	11.70
无	145	84.80
您认为学校开展的生殖健康教育效果如何		
很好	16	57.14
一般	6	21.43
没效果	1	3.57
不知道	5	17.86
您对学校开展的生殖健康教育满意吗		
满意	17	62.96
基本满意	8	29.63
不满意	2	7.41
您认为学校开展生殖健康教育有必要吗		
有必要	411	81.39
无所谓	51	10.10
没必要	43	8.51

第三章　老师和家长生殖健康知识调查及现状分析

在家长希望学校开展性与生殖健康教育的内容和形式方面，主要对青春期保健知识（83.04%）、健康性心理知识（78.48%）、异性交往知识（69.35%）、性发育知识（67.61%）等的需求较高，而在性发育知识，青春期保健知识，避孕知识，性病、艾滋病防护知识方面，不同阶段学生的家长需求有统计学差异，小学主要是青春期保健知识和性发育知识等生理知识，到了初中和高中阶段，对避孕知识和性病、艾滋病防护知识的需求增加。在教育形式方面，以讲座和教材讲解的比例最高，不同学生阶段的家长对教育形式的喜好有所不同，小学生家长认同讲座的比例最高（80.36%），总体而言，小学生家长对讲座、电视录像、人体模型讲解等教育形式的认可程度均高于高中生家长（见表3-42）。

表3-42　学生家长希望学校开展的性教育内容和形式

单位：份，%

项目	小学 数量	小学 占比	初中 数量	初中 占比	高中 数量	高中 占比	合计 数量	合计 占比
内容								
异性交往知识	73	65.18	118	70.24	128	71.11	319	69.35
性发育知识*	89	79.46	121	72.02	101	56.11	311	67.61
青春期保健知识*	109	97.32	132	78.57	141	78.33	382	83.04
健康性心理知识	93	83.04	130	77.38	138	76.67	361	78.48
避孕知识*	23	20.54	73	43.98	50	27.78	146	31.88
性病、艾滋病防护*	29	25.89	70	42.68	59	32.78	158	34.65
形式								
教材讲解	70	62.50	102	62.58	107	60.11	279	61.59
讲座*	90	80.36	110	65.87	133	74.72	333	72.87
电视录像*	51	45.54	86	51.50	67	37.64	204	44.64

续表

项目	小学 数量	占比	初中 数量	占比	高中 数量	占比	合计 数量	占比
人体模型讲解*	59	52.68	42	49.10	42	23.60	183	40.04
宣传折页发放*	28	25.00	59	35.33	31	17.42	118	25.82
一对一的咨询*	24	21.43	54	32.34	25	14.04	103	22.54

注：*表示三个阶段学校家长的回答正确率有统计学差异（$P<0.05$）。

大部分家长（81.39%）认为学校有必要开展性与生殖健康教育，仅有43人认为"没必要"开展。采用卡方检验比较家长对学校开展性与生殖健康教育所持态度的差异，分析结果如表3-43所示。从表3-43可见，小学生家长、年龄层在36至45岁的家长、文化程度为大专以上的家长、主动对孩子进行性与生殖健康教育和认为家长最应该承担孩子性与生殖健康教育责任的研究对象对学校开展性与生殖健康教育的需求更高。

表3-43 家长认为学校是否有必要开展性与生殖健康教育的比较

单位：份，%

变量	有必要 数量	占比	无所谓 数量	占比	没必要 数量	占比	χ^2, P
学校							$\chi^2=27.27$,
小学	103	90.35	9	7.89	2	1.75	$P<0.0001$
初中	158	80.61	10	5.10	28	14.29	
高中	150	76.92	32	16.41	13	6.67	
年龄组（岁）							$\chi^2=15.48$,
<36	17	70.83	5	20.83	2	8.33	$P=0.017$
36至40（不含）	117	84.17	9	6.47	13	9.35	
40至45（不含）	208	84.21	26	10.53	13	5.26	

续表

变量	有必要 数量	有必要 占比	无所谓 数量	无所谓 占比	没必要 数量	没必要 占比	χ^2, P
≥45	69	72.63	11	11.58	15	15.79	
婚姻状况							$\chi^2 = 0.61$,
在婚	385	81.05	49	10.32	41	8.63	$P = 0.737$
其他	26	86.67	2	6.67	2	6.67	
与学生关系							$\chi^2 = 5.01$,
父亲	117	79.05	18	12.16	13	8.78	$P = 0.286$
母亲	285	82.37	33	9.54	28	8.09	
养父或养母	5	71.43	0	0.00	2	28.57	
文化程度							$\chi^2 = 16.76$,
小学及以下	18	69.23	4	15.38	4	15.38	$P = 0.033$
初中	117	75.48	17	10.97	21	13.55	
高中、中专	99	79.20	15	12.00	11	8.80	
大专	82	89.13	7	7.61	3	3.26	
本科及以上	93	88.57	8	7.62	4	3.81	
家庭人均月收入(元)							$\chi^2 = 7.34$,
<2000	37	75.51	7	14.29	5	10.20	$P = 0.290$
2000 至 4000(不含)	104	81.89	8	6.30	15	11.81	
4000 至 6000(不含)	108	83.08	12	9.23	10	7.69	
≥6000	148	81.32	23	12.64	11	6.04	
孩子数(及性别)							$\chi^2 = 10.33$,
1 个男孩	144	86.75	10	6.02	12	7.23	$P = 0.112$
1 个女孩	148	82.22	19	10.56	13	7.22	
2 个孩子	112	74.17	22	14.57	17	11.26	
≥3 个孩子	7	87.50	0	0.00	1	12.50	
是否主动对孩子进行性与生殖健康教育							$\chi^2 = 19.82$,
是	166	91.71	9	4.97	6	3.31	$P < 0.0001$
否	239	75.63	42	13.29	35	11.08	
谁主要承担性与生殖健康教育责任							$\chi^2 = 18.77$,
孩子本人	28	62.22	7	15.56	10	22.22	$P = 0.005$

续表

变量	有必要 数量	有必要 占比	无所谓 数量	无所谓 占比	没必要 数量	没必要 占比	χ^2, P
学校	134	80.72	19	11.45	13	7.83	
家长	222	85.38	23	8.85	15	5.77	
社会及其他	19	76.00	2	8.00	4	16.00	

将"是否希望学校开展性教育"作为因变量（有序多分类），将表3-43中的变量以哑变量的形式纳入多因素logistic回归模型（逐步回归，sle=0.10 sls=0.15）（见表3-44），结果共筛选出三个影响因素，与文化程度是小学及以下的家长相比，文化程度为大专、本科及以上的家长希望学校开展性教育的可能性较高（大专：OR=3.93，95% CI：1.28至12.12；本科及以上：OR=3.80，95% CI：1.25至11.45）；与未主动对孩子做过性教育的对象相比，主动做过性教育的对象认为"有必要开展性教育"的可能性较高（OR=3.12，95% CI：1.69至5.78）；与认为孩子应承担性教育主要责任的对象相比，认为学校、家长、社会及其他应承担性教育责任的家长认为"有必要开展性教育"的可能性增加（见表3-45）。

表3-44 学生家长在多因素logistic回归分析中变量赋值

变量	赋值
学校	小学=1,初中=2,高中=3(哑变量,参照组=小学)
年龄组	<36=1,36至40(不含)=2,40至45(不含)=3,≥45=4(哑变量,参照组=<36)
婚姻状况	在婚=0,其他=1

续表

变量	赋值
与学生关系	父亲=1,母亲=2,养父/母=3(哑变量,参照组=父亲)
文化程度	小学及以下=1,初中=2,高中/中专=3,大专=4,本科及以上=5(哑变量,参照组=小学及以下)
家庭人均月收入(元)	<2000=1,2000至4000(不含)=2,4000至6000(不含)=3,≥6000=4(哑变量,参照组=<2000)
孩子数(及性别)	1个男孩=1,1个女孩=2,2个孩子=3,≥3个孩子=4(哑变量,参照组=1个男孩)
是否主动对孩子进行性与生殖健康教育	否=0,是=1
谁主要承担性与生殖健康教育责任	孩子本人=1,学校=2,家长=3,社会及其他=4(哑变量,参照组=孩子本人)

表3-45 学生家长"是否希望学校开展性与生殖健康教育"的多因素logistic回归分析

变量	比较组	参照组	β	SE	χ^2	P	OR	95% CI
文化程度	初中	小学及以下	0.45	0.48	0.87	0.351	1.57	0.61~4.03
	高中/中专		0.49	0.50	0.98	0.322	1.63	0.62~4.28
	大专		1.37	0.57	5.69	0.017	3.93	1.28~12.12
	本科及以上		1.33	0.56	5.61	0.018	3.80	1.25~11.45
是否主动教育	是	否	1.14	0.31	13.15	0.0003	3.12	1.69~5.78
谁应该主要承担性与生殖健康教育责任	学校	孩子本人	1.16	0.38	9.65	0.002	3.21	1.54~6.68
	家长		1.26	0.37	11.69	0.0006	3.54	1.71~7.29
	社会及其他		1.74	0.65	7.19	0.007	5.71	1.60~20.39

第四章　学校生殖健康干预模式研究

该阶段项目组通过文献归纳法、专家咨询法等制定了详尽的干预方案，并将研究现场随机分为干预组和对照组。对照组仅开展日常工作，而干预组开展干预活动。干预组根据干预方案进行宣传、教育、动员、培训和综合咨询的干预活动（主要包括讲座、资料发放、心理咨询和社交媒体咨询），倡导"以人为本、价值中立、坦诚谈性、综合咨询"的四大综合咨询的理念和方法，解决青少年在成长中遇到的性与生殖健康问题。

第一节　干预方案制定阶段的研究方法

一　文献归纳法

1. 文献查阅

根据研究需要，围绕本研究相关主题词，进行文献检索，同时收集有关书籍、研究报告的相关资料，查阅相关专业网站，以尽可能最大限度地收集已有研究资料。

2. 科学归纳法

归纳是重要的逻辑分析方法，由个别或特殊的具体知识推出一般结论和普遍原理。归纳的前提是对个别事物和事例观察得到的经验材料，结论是一般性原理。根据前提是否考察了某类事物的全部对象，归纳可分为完全归纳和不完全归纳。完全归纳考察了某类中每一个事物都有的某一属性，从而推出该类全体都有此属性的一般性结论。不完全归纳按是否能分析出事物之间的因果关系，又可分为简单枚举法和科学归纳法。简单枚举法根据某一属性在一些同类对象中不断重复而没有遇到矛盾的情况下，对该类事物做出一般性结论的推理方法。科学归纳法也称为判明因果联系的归纳法，是指通过考察某类事物的部分对象，分析这些对象之所以具有某种属性的原因或必然性，从而做出关于这一类的全部对象都具有该种属性的结论的推理方法。

本研究将文献计量分析和内容分析法综合起来，结合研究的目标和内容，构建文献评阅指标，并对所形成的评阅指标进行专家咨询，遴选出干预活动的主要内容。

二 专家咨询法

1. 专家咨询

尽管本课题组已是一个涉及多学科的研究团队，但为了集思广益，在研究的过程中及针对阶段性的研究成果仍需要通过专家咨询的方式来确保研究过程及研究结果的科学性及可行性。具体应用：在文献计量分析和内容分析法的基础上，由专家团队对形成的干预方法和内容进行进一步确认和分析。

2. 专家访谈

分析、综合相关文献及基线调查结果，形成初步的干预方法及内容初稿。邀请生殖健康领域、社会学、流行病学、教育学等方面的专家，从多方面、多角度讨论干预方案，经多次修改后，形成本研究的初步干预方案。

第二节 干预方案及开展情况

一 开展干预的重点场所

青少年性和生殖健康教育不可能只依赖社会一方来实现，在这一过程中需要家庭、学校和社会三方的共同努力，其中，家庭是性教育的基本场所，家长对自己孩子基本情况的了解是最全面的，而且家庭教育更具有针对性、连续性和生活示范性。学校作为生殖健康教育的主战场，只有改善学校性教育环境、明确职责，才能使学生更好地接受性教育，使学校充分发挥性教育的优势。目前，中国的传统计划生育服务主要针对已婚人群，未婚青少年因担心自己的性活动被发现而不愿意去寻求服务，但是其需求巨大。

本研究考虑到项目研究周期、经费等的限制，通过专家咨询及访谈等,将干预重点放在了学校,通过文献归纳及聚类之后发现在学校开展性与生殖健康教育具有以下优势:①便于组织,可以集中开展相关教育;②学校是青少年系统学习科学知识和技能的主要场所;③性教育需要有计划、有步骤地进行,学校可以根据不同年龄制定教育计划;④青少年待在学校的时间长,学校是最可及的场所;⑤学校能够获得正确的性与生殖健康知识。

在此基础上,本研究完成了对26位在青少年性与生殖健康教育相关领域工作的专家和教师的无记名访谈,对五项优势进行排序,并转化为百分制,其中,性教育需要有计划、有步骤地进行,学校可以根据不同年龄制定教育计划排在首位(见表4-1)。

表4-1 学校开展性与生殖健康教育的优势

编号	内容	得分(平均值±标准差)
1	便于组织,可以集中开展相关教育	65.38±28.04
2	学校是青少年系统学习科学知识和技能的主要场所	65.38±24.53
3	性教育需要有计划、有步骤地进行,学校可以根据不同年龄制定教育计划	70.00±28.42
4	青少年待在学校的时间长,学校是最可及的场所	49.23±28.95
5	学校能够获得正确的性与生殖健康知识	50.00±24.34

二 干预模式选择

(一)干预模式遴选

在可供选择的干预模式当中,通过专家咨询打分及排序情况的分析,处于首位的是心理咨询和教育模式,在本研究的后期干预中,也主要采取了该模式(见表4-2)。

表4-2 学校开展性与生殖健康教育的备选模式

编号	内容	得分(平均值±标准差)
1	放任自由模式(不采取任何措施,让学生自由发展)	24.18±25.88
2	注入式课堂教育模式	58.24±36.76
3	心理咨询和教育模式	77.47±38.90
4	同伴教育模式	52.20±28.79
5	热线模式	54.40±29.36
6	多媒体互动教学模式	62.64±35.12
7	交叉模式(多种模式结合的方式)	71.98±33.50

(二)本研究干预模式说明

1. 生殖健康教育

(1)教师层面

让学校的老师了解目前青少年人群所需要掌握的性与生殖健康的各方面知识,探讨当下开展性与生殖健康教育所存在的问题,重视青少年性与生殖健康教育的需求。通过学校、社会与媒体的宣传,倡导学校老师帮助青少年一起树立正确的爱情观、价值观与性观念,积极主动配合项目进展。

在干预组的小学、初中、高中学校各进行头脑风暴的分析,形式:以问题树的方式展开。参加人员:邀请的知名青少年性与生殖健康专家、项目组人员、学校管理人员、学校相关教师。

主题：在学生的性教育中，老师存在的问题，以老师的角度观察学生在性教育方面出现的问题。

（2）学生层面

通过健康教育、讲座、发放宣传折页等手段对干预组青少年学生进行干预活动，旨在改善青少年性与生殖健康状况、增加其性与生殖健康与自我保护知识、帮助青少年树立正确的性观念，以及为评估干预的效果及其可能的影响因素提供依据，以期作为今后开展青少年性与生殖健康教育的经验。

对学生层面的干预措施主要包括发放性与生殖健康宣传折页。依照不同年龄层次，针对小学、初中、高中分别发放。小学内容主要包括一般生理卫生知识、男女性别差异、消除性别歧视、自我保护意识等。初中内容主要包括生理卫生知识、男女发育期注意事项、交友爱情观念、自我保护意识、青春期情绪问题等。高中内容主要包括性与生殖健康知识、交友爱情观念、自我保护意识、避孕方法指导、突发情况应对等。

专家讲座：在干预组的小学、初中、高中学校分别进行培训；师资为来自卫生计生部门、医疗机构、高校、研究机构的知名专家。参加培训的人员：所邀请的知名青少年性与生殖健康专家、项目组人员、干预组学生对象、校方人员。

主题如下。

小学：问题树——性知识初讨论

男女生相互友爱照顾

男女的性别差异

男女发育期注意事项

自我保护意识

健康成长

初中：问题树——性知识讨论

性里程碑事件追忆

社会性别与男女发育期注意事项

性病、艾滋病初探

自我保护意识

风险序列

高中：问题树——性知识讨论

性里程碑事件追忆

交友爱情观念

自我保护意识

避孕方法指导

风险序列

（3）校方健康教育

内容：由接受过专家讲座培训的学校老师自行安排，旨在配合宣传以及专家讲座，加强对青少年性与生殖健康知识的教育和对有问题学生的综合咨询。

2. 心理咨询层面

通过开通电话、邮箱、微信等渠道对需要咨询以及主动咨询的青少年学生进行个别交流，便于其更好地掌握知识、疏导心理问题、解决青春期困惑，作为加强干预活动的一部分。

①电话：开通数个专家热线电话，帮助进行一对一咨询。

②邮箱：课题组成员邮箱将对干预组成员开放，便于帮助疏导、解决困惑。

③微信：开通微信群，由专家坐镇，与有困惑的青少年学生以及学校相关指导老师一起讨论交流，答疑解难。

④专对专咨询：必要时，对青少年进行一对一、面对面的综合咨询。

三 干预开展情况

1. 宣传材料

本研究借助文献归纳和专家咨询等方法，开发了一系列针对青少年性与生殖健康教育的宣传材料，并将宣传材料装订成册，形成了完整的一套宣传教育手册［性与生殖健康系列科普读物，青少年性教育（中学版和小学版），结合文献归纳和专家咨询等方法，构建框架并撰写完成］，以便项目结束以后供学校开展相关生殖健康教育活动并在其他学校推广，干预手册如图4-1所示。

2. 讲座材料

（1）关爱男孩系列讲座

本研究将文献计量法和内容分析法相结合，充分考虑研究项目的目标和内容，构建了完整的文献评阅框架，并对此进行专家咨询，进而根据文献评阅的情况遴选出讲座的相关内容，构建了针对男生和女生不同干预内容的系列讲座，并在干预组中组织实

青少年性与生殖健康教育

图 4-1　课题组开发的宣传教育手册

施，邀请知名性与生殖健康专家开展相关讲授工作，同时采取参与式培训的方式与青少年学生互动。

讲座主题主要有如下几个。

小学

男女生相互友爱照顾

男女的性别差异

男女发育期注意事项

自我保护意识

健康成长

初中

性里程碑事件追忆

社会性别与男女发育期注意事项

性病、艾滋病初探

自我保护意识

风险序列

高中

性里程碑事件追忆

交友爱情观念

自我保护意识

避孕方法指导

风险序列

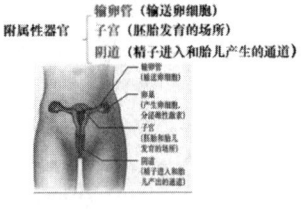

图 4-2 关爱男孩系列讲座示意

（2）关爱女孩系列讲座

该系列讲座主要针对女生了解自身生长发育过程中可能面临的问题，着力帮她们更好地处理在这一过程中的生理变化、心理变化和社会适应能力的变化。

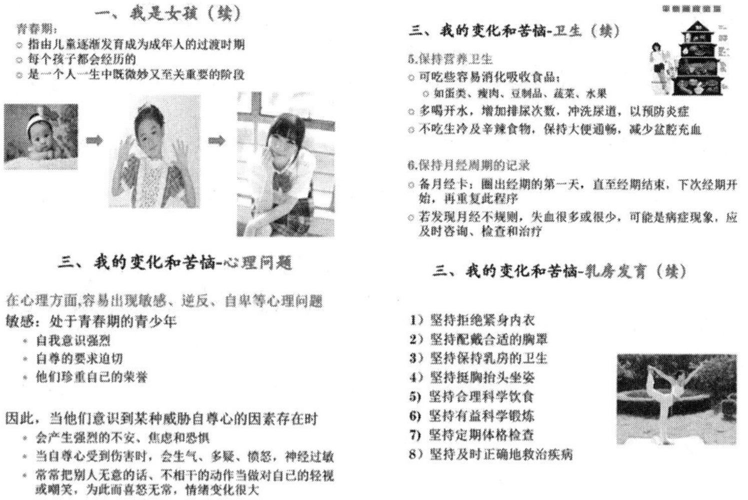

图 4-3 关爱女孩系列讲座示意

（3）青少年肥胖系列讲座

该系列讲座主要关注什么是肥胖，肥胖如何影响青少年的健康，发生肥胖之后同学们可以采取哪些举措进行矫正。

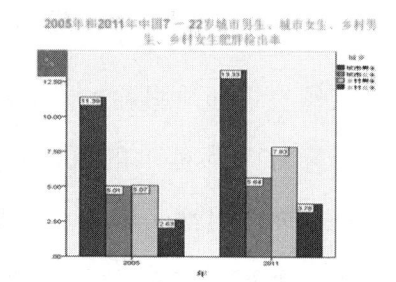

图 4-4 青少年肥胖系列讲座示意

3. 参与式培训

借助参与式培训方式和青少年就性与生殖健康知识进行讨论，议题包括对男性女性性别的讨论等，以此为例，说明如下。

①将准备的写有性别特征、性格特征或职业特征的纸发给每个学生（每人2至3张，依照学生数目，提前准备纸量）。

②向学生解释这个练习面向的是培训教室的两面，一面是"男"，一面是"女"。将手中标着"男"和"女"的纸贴在正确的一面。

③要求学生们依次大声朗读他们手上所写的特征，并决定这种特征是属于男还是女，走到他们认为正确的一面墙前，在纸上写下来（或者将写有特征的纸粘贴在墙上）。向学生解释他们只能选择一项，尽管可能有些特征既属于男性又属于女性。写完后，学生回到座位上。

④让全部学生在纸上写下他们的信息，然后浏览所有的特征，确定每一个都是明确属于男性的还是女性的。

⑤将标有"都是"的纸贴在教室的中间，如果学生都同意某项特征既属于男性又属于女性，就把它从"男性"或"女性"中划出去，重新写在"都是"的纸上。例如，如果某个学生将"柔弱"这项特征写在"女性"下，但其他学生都同意它既属于男性也属于女性，就把它重新写在"都是"下。

⑥继续判定直到只有性别特征留在"男性"或"女性"一面。如果某个性格特征或职业特征还在，就问学生们是否不同的性别也会表现出相同的特征。例如，如果"助产士"

这个职业特征还在"女性"这一栏，就问学生男性是否有可能从事这项工作，直到他们能够认清性别和生物学上的性的区别。

⑦让学生描述留在"男性"和"女性"上的词的特点。在简单的头脑风暴过后，向学生指出剩下的特征哪些属于性特征。"都是"下面的词是以性别为基础的。性特征和职业特征通常是由性别角色和社会环境决定的。要求学生用头脑风暴法定义"性别"、"性"和"陈规"。

给出定义

性别是指个人和社会如何定义"男性"和"女性"。性别角色是指从社会和文化的角度对男性和女性的态度、行为、期望和责任进行的定义。性别身份是指我们每个人对自己是男性、女性还是兼具两者特性的综合体所具有的个人的、私人的信念。

性是指根据生物学（解剖学、生理学、遗传学）上的特征，将人群分为男性或女性。

陈规是指一些标准化和习惯化的想法和特征。下面给出性别角色陈规的例子。

（a）男性应有性经验。

（b）女性一般不喜欢性，且无性渴望经历。

（c）女性为母亲，生育是她们的主要作用。

通过对这些问题的讨论建立青少年正确的性别意识。

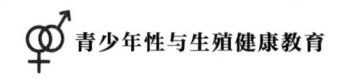

第三节 障碍及可能的策略分析

一 障碍分析

虽然在学校开展性与生殖健康教育具有重要意义，但是学校目前开展青少年性与生殖健康教育存在一定障碍，其中排在首位的就是"学生对老师敬畏，不愿意和老师交流性话题"。在我们的干预和交流过程中，学生课业压力较大，教育部门对开展性与生殖健康教育没有硬性规定，无法设置更多的课程，这也是制约学校性与生殖健康教育开展的关键问题。

表4-3 学校开展性与生殖健康教育的障碍

编号	内容	得分（平均值±标准差）
1	学生对老师敬畏，不愿意和老师交流性话题	70.00±29.48
2	老师对相关知识的掌握程度不同，影响教学效果	56.92±27.56
3	学校重视程度不足，课程开展流于形式	63.85±24.19
4	注重填鸭式教育，课程枯燥，忽视问题解决	62.31±30.04
5	教师不知道如何把握上课尺度	49.23±26.15
6	学生课业压力较大，没有时间更多地接受性教育	69.47±28.35

二 策略分析

因此，要解决学校性与生殖健康教育中的相关问题，采取更加积极有效的措施非常关键,其中最重要的就是多方倡导,营造青少年性与生殖健康支持性环境,提高可行性(见表4-4)。

表4-4 学校开展性与生殖健康教育的策略

编号	内容	得分(平均值±标准差)
1	多方倡导,营造青少年性与生殖健康支持性环境	71.54±25.52
2	将教育课程作为学校常规课程	59.23±33.96
3	与其他课程相结合,将相关知识渗透到其他课程	62.31±29.00
4	对学校教师开展相关培训,提高其教育技能	51.54±22.99
5	提高对参与式教育、同伴教育等方法的使用	55.38±24.37

第四节 学校性与生殖健康教育建议

一 开展性与生殖健康干预的必要性

性教育是否必须进行,对此持反对意见的人已经不多,然而应该进行什么样的性教育,存在不同的主张。性教育已不能单纯地被理解为性知识的教育,它涉及生理、心理、社会、道德、伦理诸多领域,其社会意义非常重大。性成熟是一个渐进发展的过程,从学前期、小学、中学到大学阶段,性成熟、性生理和性心理都各不相同。我国著名的社会学家、青少年教育专家陈一筠教授指出:"关于青春期爱与性的基本知识,作为科学知识体系的一部分,应当在学校统一传授,列入正式的课程表,从小学开始循序渐进地讲授。"还有专家认为性健康教育应在孩子还没有性发育之前就进行,从小学甚至幼儿园开始。目前,性教育从幼儿开始已经是国际上共同倡导的趋势,我们也应破除"谈性色变"、对性讳莫如深的传统思想,按照不同的年龄阶段及早给予科学全面的教育指导。

王晶的研究显示有近1/3的小学4至6年级学生第一性征发育成熟;第二性征发育方面,女生性生理发育比男生早。从性意识的发展阶段来看,小学五六年级还依然处在"性意识的潜伏期"和"两性疏远期"。在性观念方面,男生比女生的观念表现得更开放,但大部分同学还未形成自己的性观念。但是有调查发现,有近九成的小学生选择了有度地与异性交往,反映了小学生有积极开放的性观念意识。小学4至6年级是性观念形成的关键时期。

二 构建家庭、学校和社会"三位一体"的综合干预模式

家庭是性教育的基本场所,家长对自己孩子基本情况的了解是最全面的,而且家庭教育更具有针对性、连续性和生活示范性。父母必须冲破禁欲思想,以平常心对待孩子早恋问题,与孩子建立彼此信任的亲密关系,与孩子一起探讨性交可能带来的后果,引导他们正确和异性交往,帮助他们做出正确的人生选择。父母是孩子的性启蒙老师,也是孩子最信任的人,在孩子的生殖健康教育过程中不能缺位。

学校作为生殖健康教育的主战场,只有改善学校性教育环境、明确职责,才能使学生更好地接受性教育,使学校充分发挥

性教育的优势。首先，作为性健康知识授课老师，应保持科学、认真的态度，打破传统禁欲思想，与学生坦然谈性，满足学生的好奇心，消除学生的性罪恶感。其次，应加强授课老师的专业知识培训，在提高老师专业水平的同时增强其责任感和道德修养。最后，加强与专业医疗机构的合作，可在专业医疗机构的指导下，根据学校具体情况编制适合学生的专用教材。

目前中国的传统计划生育服务主要针对已婚人群，未婚青少年因担心自己的性活动被发现而不愿意去寻求服务。在社区，向未婚青少年提供友善的性健康服务，可以促进青少年正确认识避孕、积极采取避孕措施，从而创造一个更加友善的获取生殖健康知识和服务的环境。性教育和生殖健康服务在提高个人自我保护意识的同时，并不会使其性观念更加开放，也不会使其性行为提前。社区计划生育服务人员应改变对待未婚青少年性行为的保守、消极甚至反对态度，应正面、积极地利用现有计划生育服务网络向未婚青少年提供的性健康知识、咨询和服务。可通过开设社区宣传栏、社区性教育论坛等方式营造轻松的性健康知识学习氛围，使性教育成为平常事。

青少年性和生殖健康教育不可能只依赖社会一方来实现，在这一过程中需要家庭、学校和社会三方的共同努力。性教育是知识普及和指导教育，往往是通过树立青少年的健康价值观，进而影响其态度和行为。只有接受完整的青春期性教育，才能帮助孩子建立起一系列正确的性观念：性是人生命中自然而健康的组成部分；性有肉体和心理的层面，也有社会、伦理和精神的层面，各方面相互统一才是健康的；任何性行为都是有后果的，每个人必须为其行为承担相应的责任，等等。这不仅不会破坏孩子特有的纯真，而且会推迟他们可能出现的性行为，初次性行为时更可能较为理性。

青少年性与生殖健康教育可采取"以加强性道德为核心的学校、家庭、社会三位一体"的健康教育模式，以学校为主导，社会参与，家长配合。首先，学校要在不增加学生学习负担和不改变现有教育目标的同时，改革教材内容，增添有现代社会使命感的内容，根据社会发展的形势和需求，增加性心理发展、性道德感和责任感、自我保护意识等的教育，让学校教育与社会教育相互融合，减少青少年对社会现象的茫然和不适应感。其次，按青少年各阶段的成长特点，编制统一的性与生殖健康教育教材，统一思想、统一认识、统一辅导、统一学习。本研究显示，小学生对性生理知识的需求较高，初中生和高中生对健康性心理和异性交往等知识的需求较高，并且针对高中生需要增加自我保护意识、避孕方法等的知识内容；讲座、录像、教材讲解都是学生比较认可的性与生殖健康教育方式，而这些教育方式容易集中学生、科学讲授，其在学校的可实践性非常高的。最后，必要的行政管理措施也是约束不当行为的良好手段，学校有统一的管理，便于组织和实施相关的性与生殖健康教育课程。总之，发挥我国传统教育体制的优势，创建目标清晰、目的明确的性与生殖教育模式已成为当前面临的重要课题之一，构筑以学校为主、以家庭和社会为辅的教育机制是保证青少年健康成长的当务之急。

三 构建"三位一体"干预模式的障碍与策略

青少年获取相关知识的渠道不同,互联网等新兴媒体作用巨大。①在青少年获取性与生殖健康相关知识的渠道上,目前互联网等新兴媒体起到了很大作用。②获取渠道的多样化,一方面为青少年获取相关知识提供了便利条件,但另一方面也存在所提供知识包含许多错误的知识的情况,这些错误的知识很容易误导青少年。③同时目前对网络信息等监管不严格,有些不良信息经过伪装以科普形式出现,极大地危害了青少年的身心健康。因此,本书提出如下建议。①卫生计生以及其他相关专业机构要在此过程中进一步明确自身职责,跟上时代步伐,通过建设专门网站等手段向广大青少年提供科学、准确的生殖健康信息。②监管部门应对网络性与生殖健康信息加大监管力度,创造良好网络环境。③学校家长应重视性与生殖健康问题,正确引导青少年通过正规渠道获取相关信息。

家庭性与生殖健康教育缺位,部分家长持否定态度。研究发现,父母与子女之间关于性知识的沟通和交流,可以使父母及时了解到子女的需求并传递正确的观念和态度,帮助子女提高预防危险性行为带来的伤害的能力并能够推迟首次性行为的年龄。但本研究发现家庭性教育并没有在青少年的成长过程中发挥应有的作用。①部分家长对向青少年提供性与生殖健康教育持否定态度,认为向青少年提供生殖健康教育意味着纵容和默许青少年发生婚前性行为。即使父母非常清楚孩子正处于性活跃时期,他们和孩子也都始终对讨论性话题采取"积极"的规避策略。②另外一部分父母支持青少年接受性教育,但自己却不能成为教育者,大多数家长自身的性健康知识就比较匮乏,所以也很少有父母主动对孩子进行性教育,因而反对性教育的多数家庭中,由于家长自身的生殖健康知识有限,同时受到传统观念的影响,家庭教育非常薄弱。转变家庭观念,是一项长期而艰巨的任务,需要专业机构在此过程中付出更多努力,因此积极开展社区干预项目具有重要意义,通过潜移默化地宣传教育,转变群众陈旧观念,使其逐步接受性与生殖健康教育。

学校教育尺度难以把握,部分家长有抵触情绪。①家庭性与生殖健康教育的缺位一方面使得青少年难以从家庭当中获得指导,另一方面由于家长陈旧观念的问题,学校开展的相关教育受到家长抵触,教育工作难以开展。②学校教师对开展性与生殖健康教育的尺度把握存在困惑,不知应该向学生分享哪些内容,以何种形式分享能够起到更好的效果。因此,在这一过程中,需要学校和专业机构建立起流畅的交流渠道,专业机构向相关老师提供指导,在专家的指导下开展学校性与生殖健康教育。

专业机构为青少年提供相关服务的意识和经验不足。现阶段,国内提供性与生殖健康方面服务,例如避孕节育、妇幼保健和性病、艾滋病的防治等生殖健康服务等主要是计生部门、妇幼保健部门、疾病预防和控制部门提供。①由于受长期观念的影响以及相关政策法规规定的宽泛性和缺乏针对性。现有的生殖健康服务机构的相关服务并不能很好地覆盖青少年人群,其服务的主要对象依然是已婚育龄人群。②服务部门长期形成了固有的工作模式，服务人员向青少年提供服务的经验不足，不知道如何向青少年提供服务。因此，本书提出如下建议。①需要进一步加强对专业机构服务人员的培训和教育工作，提高其向青少年提供性与生殖健康服务的能力和意识。②建立健全法律法规，将向青少年提供相关服务纳入专业机构的常规工作中去。

青少年性与生殖健康教育任重而道远，本研究由于受到期限及经费限制，将干预的重点放在学校性与生殖健康方面，但是通过分析可以看出，社会、家庭在青少年性与生殖健康教育方面应尽的责任和义务绝对不能忽视，引入新的手段和方法开展性与生殖健康教育具有现实意义。

参考文献

[1] 郭鑫、邓丽娜：《归纳演绎在管理学中的应用》，《合作经济与科技》2006年第7期。

[2] 董海燕、许厚琴、杜莉等：《国内外青少年性与生殖健康教育现状和模式探索》，《中国妇幼保健》2013年第28期。

[3] 王晶：《11至13岁青少年性成熟、性意识、性观念、自我控制的发展特征及其对教育的启示》，东北师范大学硕士学位论文，2007。

[4] 周月红：《小学生性健康教育现状及学校性教育对策的研究》，《长春师范学院学报》（自然科学版）2011年第6期。

[5] 吴丽敏、韩永定：《对大学生进行性健康教育的思考》，《考试周刊》2011年第21期。

[6] 楼超华、沈燕、王波等：《性教育和生殖健康服务对促进上海市郊未婚青年避孕的效果》，《复旦学报》（医学版）2004年第2期。

[7] 吕欣欣：《论当代中国青少年性教育》，海南师范大学硕士学位论文，2007。

[8] 罗念慈、林文婕、史俊霞等：《深圳市坪山新区中学生性生理、性心理健康状况分析及健康教育模式探讨》，《中国健康教育》2013年第1期。

[9] 国家人口计生委人才交流中心组织编写《生殖健康咨询师实务手册》，花龄出版社，2014。

[10] 王金玲主编《性别话语与社会行动》，社会科学文献出版社，2013。

[11] 黄鑫楣、杨立舫、解振明等编著《避孕方法知情选择工作指南》，中国人口出版社，2003。

[12] 武俊青、杨爱平主编《生殖道感染与性病艾滋病综合咨询》，上海科学技术出版社，2015。

[13] 武俊青、张世琨主编《中国流动人口性与生殖健康管理和服务》，上海科学技术出版社，2015。

[14] 武俊青、张世琨、张黎明主编《中国三城市流动人口计划生育/生殖健康现况及优质服务干预效果评价》，中国人口出版社，2014。

[15] 武俊青主编《性与生殖健康咨询》，中央广播电视大学出版社，2012。

[16] 武俊青、王力宇、鲍亚范等：《育龄人群避孕方法知情选择筛查评估问卷及咨询标准》，中国人口出版社，2011。

[17]《生殖健康助理咨询员、生殖健康咨询员专业技能指导手册》，吉林大学出版社，2010。

[18]《生殖健康咨询师 国家职业资格考试－理论知识教学大纲》，吉林大学出版社，2009。

[19]《生殖健康咨询师国家职业资格培训教程－咨询技能》（试行）（4～5级），中国人口出版社，2008。

[20] 人口和计划生育部门艾滋病预防项目指南编委会编《人口和计划生育部门艾滋病预防项目指南》，中国人口出版社，2007。

[21] 人口和计划生育部门资格认证委员会编《生殖健康咨询师基础知识和技巧》，中国人口出版社，2008。

[22]《HIV监测系统数据利用使用指南 WHO》，2006。

[23] 武俊青、史远明、吴尚纯：《性与生殖健康综合咨询技巧学员手册》，中国人口出版社，2006。

[24] 武俊青、史远明、吴尚纯：《性与生殖健康综合咨询技巧教员手册》，中国人口出版社，2006。

[25] 武俊青、李文英、李玉艳等：《HIV/AIDS咨询技巧》，中国人口出版社，2006。

[26] 武俊青主编《失乐园的呐喊——中国艾滋病感染者与病人的需求现况调查与研究》，社会科学文献出版社，2004。

[27] 武俊青、陈锡宽:《人际交流与咨询技巧》,中国人口出版社,2002。

[28] 武俊青、高尔生:《避孕技术指南》,中国人口出版社,2001。

[29] Jun-Qing Wu, Jian-hua Xu, Zhao-feng Zhang et al., Association of FTO Polymorphisms with Obesity and Metabolic Parameters in Han Chinese Adolescents. PLOS ONE, 2014, 6: 1 - 6.

[30] Jun-Qing Wu, Ke-wei Wang, Rui Zhao et al, Male Rural-to-urban Migrants and Risky Sexual Behavior: A Cross-Sectional Study in Shanghai, China, *International Journal of Environment Research and Public Health*, 2014, 11: 2846 - 2864.

[31] Jun-Qing Wu, Yu-Yan Li, Jing-Chao Ren, Na Li, Yin Zhou, Rui Zhao, Yu-Feng Zhang, "Male Condom Use and Condom Problems Among Women in Shanghai," *Asian Pacific Journal of Reproduction*, 2012; 1 (1): 48 - 54.

[32] Junqing Wu, et al., "Condom Use and Breakage among Women in Shanghai," *Journal of Reproduction & Contraception*, 2010, 21 (1): 41 - 52.

[33] Wu Junqing, Yang Ying, Li Wenying, Li Yuyan, Wang Ruiping, "Family Status and Dilemma of HIV Positive Subjects," *Journal of Reproduction and Contraception*, 2007, 18 (2): 127 - 132.

[34] Junqing Wu, et al., "Migration and Unprotected Sex in Shanghai, China: Correlates of Condom Use and Contraceptive Consistency across Migrant and Non-Migrant Youth," *Journal of Adolescent Health*, 2011.

[35] Wu Junqing, Li Wenying, Yang Ying, Wen Zengyu, Shen Yueping, Li Yuyan, Liu Ning. The social needs of HIV + /AIDS. Papers of International Symposium on Population and Sustainable Development Strategy. *Shanghai Publication House on Social Science*, 2005: 544 - 548.

下篇　中学性教育和定性研究

第五章 上海市中学生生殖健康教育现状与干预效果评价研究结果

第一节 上海市中学生生殖健康调查及学校教育现状分析

一 人口学特征

本研究基线共调查初中、高中生800人，收回有效问卷795份，回收率为99.38%。调查对象中，男性397人，占调查对象的49.94%；女性398人，占50.06%。调查对象以高二年级学生居多，占43.90%，其次是初二和初三学生。调查对象父亲文化程度以高中、中专、技校、职校的比例最高，达39.50%，其次是本科及以上学历，占21.01%。调查对象母亲文化程度以高中、中专、技校、职校的比例最高，为36.10%。目前，主要居住方式是与父母一起住，占调查对象的87.92%。家庭人均月收入以"≥6000元"为主，占36.98%（见表5-1）。

表 5-1 初高中生人口学特征（N=795）

单位：份，%

变量	数量	占比
性别		
男	397	49.94
女	398	50.06
年级		
初二	208	26.16
初三	192	24.15
高一	46	5.79
高二	349	43.90
父亲文化程度		
小学	20	2.52
初中	153	19.25
高中、中专、技校、职校	314	39.50
大专	141	17.74
本科及以上	167	21.01
母亲文化程度		
小学	36	4.53
初中	188	23.65
高中、中专、技校、职校	287	36.10
大专	162	20.38
本科及以上	122	15.35
目前主要居住方式		
与父母一起住	699	87.92
与(外)祖父母一起住	61	7.67
学校集体宿舍	18	2.26
其他	17	2.14
家庭人均月收入（元）		
<1000	10	1.26

续表

变量	数量	占比
1000 至 2000(不含)	32	4.03
2000 至 4000(不含)	200	25.16
4000 至 6000(不含)	259	32.58
≥6000	294	36.98

二 初高中生生理知识掌握情况

调查对象对生理知识的掌握情况，如对于精子产生的器官问题的回答，正确率为71.07%；对于卵子产生的器官的回答正确率为76.73%；对于从怀孕到分娩需要的时间问题的回答正确率为25.53%（见表5-2）。

表5-2 初高中生生理知识掌握情况

单位：份，%

问题	回答情况 数量	回答情况 占比	答对情况 正确率	答对情况 错误率	答对情况 不知晓率
精子产生的器官			71.07	8.43	20.50
睾丸	565	71.07			
附睾	6	0.75			
精囊腺	61	7.67			
不知道	163	20.50			
卵子产生的器官			76.73	6.41	16.86
卵巢	610	76.73			
子宫	35	4.40			
输卵管	16	2.01			
不知道	134	16.86			

113

续表

问题	回答情况		答对情况		
	数量	占比	正确率	错误率	不知晓率
精子和卵子正常情况下在体内何处结合			9.56	67.42	23.02
卵巢	68	8.55			
子宫	425	53.46			
输卵管	76	9.56			
阴道	43	5.41			
不知道	183	23.02			
从怀孕到分娩需要的时间（天）			25.53	53.34	21.13
300	367	46.16			
280	203	25.53			
266	57	7.17			
不知道	168	21.13			
哪个年龄段女孩有月经初潮可能不正常（岁）			56.10	20.00	23.90
7至10（不含）	446	56.10			
10至13（不含）	37	4.65			
13至16（不含）	49	6.16			
16至18	73	9.18			
不知道	190	23.90			

三　性与生殖健康相关知识

在调查对象中，63.14%的对象听说过生殖道感染，87.92%的对象听说过性传播疾病，97.61%的对象听说过艾滋病，57.74%的对象知道既能避孕又能预防疾病的方法是使用安全套（见表5-3）。

表 5-3　性与生殖健康相关知识了解情况

单位：份，%

问题	回答情况 数量	占比
是否听说过生殖道感染		
听说过	502	63.14
没有	293	36.86
是否听说过性传播疾病		
听说过	699	87.92
没有	96	12.08
是否听说过艾滋病		
听说过	776	97.61
没有	19	2.39
哪一种方法既能避孕又能预防疾病		
使用安全套	459	57.74
口服避孕药	19	2.39
安全期避孕	34	4.28
体外射精	37	4.65
不知道	246	30.94

四　对性与生殖健康的认知情况

在调查对象中，从初一开始接触性教育和性知识的对象占比最高，占到调查对象的 41.38%，其次是初二，占 31.57%。在调查对象中，认为青少年需要了解性与生殖健康知识的比例达到 83.90%。单因素分析结果显示，母亲文化程度较高的对象，认为需要相关知识的比例较高（见表 5-4 至表 5-6）。

表5-4 对性与生殖健康的认知情况

单位：份，%

问题	回答情况 数量	占比
接触性教育和性知识的时间		
小学	124	15.60
初一	329	41.38
初二	251	31.57
其他	91	11.45
青少年是否需要了解性与生殖健康知识		
需要	667	83.90
无所谓	107	13.46
不需要	21	2.64

表5-5 青少年是否需要了解性与生殖健康知识的单因素分析

单位：份，%

变量	数量	是否需要了解性与生殖健康知识 需要(N=667)	无所谓或不需要 (N=128)	χ^2	P
性别				0.9614	0.3268
男	397	82.62	17.38		
女	398	85.18	14.82		
年级				4.5344	0.2092
初二	208	81.25	18.75		
初三	192	82.81	17.19		
高一	46	78.26	21.74		
高二	349	86.82	13.18		
父亲文化程度				6.2428	0.1817
小学	20	85.00	15.00		
初中	153	78.43	21.57		
高中、中专、技校、职校	314	83.12	16.88		

续表

变量	数量	是否需要了解性与生殖健康知识		χ^2	P
		需要(N=667)	无所谓或不需要(N=128)		
大专	141	87.23	12.77		
本科及以上	167	87.43	12.57		
母亲文化程度				15.0261	0.0046
小学	36	66.67	33.33		
初中	188	79.79	20.21		
高中、中专、技校、职校	287	87.80	12.20		
大专	162	87.04	12.96		
本科及以上	122	81.97	18.03		
目前主要居住方式				0.9298	0.8182
与父母一起住	699	84.12	15.88		
与(外)祖父母一起住	61	81.97	18.03		
学校集体宿舍	18	77.78	22.22		
其他	17	88.24	11.76		
家庭人均月收入(元)				3.9776	0.4090
<1000	10	90.00	10.00		
1000至2000(不含)	32	71.88	28.13		
2000至4000(不含)	200	83.50	16.50		
4000至6000(不含)	259	84.94	15.06		
≥6000	294	84.35	15.65		

表5-6 青少年是否需要了解性与生殖健康知识的logistic回归分析

变量	比较组	参照组	OR	OR 95% CI 下限	上限
性别	女	男	1.183	0.799	1.752
年级	初三	初二	0.817	0.460	1.452
	高一		0.657	0.287	1.504
	高二		1.275	0.773	2.105

续表

变量	比较组	参照组	OR	OR 95% CI 下限	OR 95% CI 上限
父亲文化程度	初中	小学	0.706	0.184	2.709
	高中、中专、技校、职校		0.774	0.205	2.925
	大专		1.183	0.284	4.932
	本科及以上		1.555	0.368	6.580
母亲文化程度	初中	小学	1.891	0.835	4.278
	高中、中专、技校、职校		3.319	1.441	7.645
	大专		2.489	0.974	6.360
	本科及以上		1.394	0.520	3.738
目前主要居住方式	与(外)祖父母一起住	与父母一起住	0.738	0.363	1.501
	学校集体宿舍		0.663	0.199	2.211
	其他		1.760	0.380	8.159
家庭人均月收入(元)	1000至2000(不含)	<1000	0.338	0.034	3.309
	2000至4000(不含)		0.664	0.074	5.923
	4000至6000(不含)		0.647	0.073	5.779
	≥6000		0.585	0.066	5.213

五 青少年生殖健康行为及态度

在调查对象中，34.97%的对象认为自慰有害健康；28.05%的对象认为次数多了不好，偶尔一两次没关系；认为是正常现象的比例为22.64%。对于不同性行为，非常反对婚前性行为的对象占24.36%，非常反对婚外性行为的对象占55.67%，非常反对商业性行为的对象占51.74%，非常反对同性性行为的对象占40.54%（见表5-7、表5-8）。

表 5-7　初高中生对于自慰的认知

单位：份，%

自慰是一种什么行为	回答情况	
	数量	占比
对健康有害	278	34.97
次数多了不好,偶尔一两次没关系	223	28.05
不道德	114	14.34
正常现象	180	22.64

表 5-8　初高中生对不同性行为的看法

单位：份，%

态度	婚前性行为		婚外性行为		商业性行为		同性性行为	
	数量	占比	数量	占比	数量	占比	数量	占比
非常反对	189	24.36	432	55.67	402	51.74	315	40.54
反对	176	22.68	185	23.84	183	23.55	113	14.54
中立	330	42.53	134	17.27	168	21.62	250	32.18
赞成	52	6.70	10	1.29	9	1.16	47	6.05
非常赞成	29	3.74	15	1.93	15	1.93	52	6.69

六　青少年与异性交往问题

对于与异性交往的问题，与异性交往没有感觉的比例最高，达 56.86%；愿意采用的方式最多的是小团体活动，占 65.66%；在与异性交往过程中碰到过问题的占 29.81%。对于早恋，61.01% 的对象抱有无所谓的态度；有过早恋情况的比例为 21.51%。对是否早恋的单因素分析结果显示：年级高的对象早恋情况较多，同时主要居住方式不是与家人同住或者住校的学生发生早恋的情况较多（见表 5-9 至表 5-12）。

表5-9 初高中生与异性交往时的感觉

单位：份，%

问题	回答情况	
	数量	占比
与异性交往时的感觉		
异常兴奋	29	3.65
有些紧张或害羞	280	35.22
没有感觉	452	56.86
其他	34	4.28
与异性交往时愿意采用的方式		
小团体活动	522	65.66
单独交往	187	23.52
不想与异性交往	86	10.82
与异性交往时是否碰到过问题		
是	237	29.81
否	558	70.19

表5-10 初高中生早恋情况

单位：份，%

问题	回答情况	
	数量	占比
如何看待中学生(初中及以上)早恋		
反对	192	24.15
无所谓	485	61.01
赞成	118	14.84
是否恋爱过		
是	171	21.51
否	624	78.49

表 5-11 初高中生早恋情况的单因素分析

单位：份，%

变量	数量	是否早恋 是(N=171)	是否早恋 否(N=624)	χ^2	P
性别				6.3592	0.0117
男	397	25.19	74.81		
女	398	17.84	82.16		
年级				70.1292	<.0001
初二	208	8.17	91.83		
初三	192	10.94	89.06		
高一	46	28.26	71.74		
高二	349	34.38	65.62		
父亲文化程度				1.8465	0.7640
小学	20	15.00	85.00		
初中	153	22.22	77.78		
高中、中专、技校、职校	314	19.75	80.25		
大专	141	24.11	75.89		
本科及以上	167	22.75	77.25		
母亲文化程度				4.6274	0.3277
小学	36	11.11	88.89		
初中	188	23.40	76.60		
高中、中专、技校、职校	287	19.86	80.14		
大专	162	25.31	74.69		
本科及以上	122	20.49	79.51		
目前主要居住方式				8.1891	0.0423
与父母一起住	699	21.17	78.83		
与(外)祖父母一起住	61	22.95	77.05		
学校集体宿舍	18	44.44	55.56		
其他	17	5.88	94.12		

续表

变量	数量	是否早恋 是(N=171)	是否早恋 否(N=624)	χ^2	P
家庭人均月收入(元)				6.5429	0.1621
<1000	10	20.00	80.00		
1000 至 2000(不含)	32	18.75	81.25		
2000 至 4000(不含)	200	16.00	84.00		
4000 至 6000(不含)	259	21.62	78.38		
≥6000	294	25.51	74.49		

表 5–12 初高中生早恋情况的 logistic 回归分析

变量	比较组	参照组	OR	OR 95% CI 下限	OR 95% CI 上限
性别	女	男	0.631	0.437	0.911
年级	初三	初二	1.312	0.644	2.673
	高一		4.338	1.862	10.108
	高二		5.860	3.317	10.354
父亲文化程度	初中	小学	1.746	0.443	6.877
	高中、中专、技校、职校		1.286	0.335	4.935
	大专		1.211	0.300	4.894
	本科及以上		1.269	0.314	5.137
母亲文化程度	初中	小学	1.579	0.485	5.142
	高中、中专、技校、职校		1.414	0.433	4.616
	大专		2.091	0.607	7.202
	本科及以上		1.441	0.399	5.204
目前主要居住方式	与(外)祖父母一起住	与父母一起住	1.513	0.763	2.998
	学校集体宿舍		1.709	0.632	4.622
	其他		0.373	0.046	3.020

续表

变量	比较组	参照组	OR	OR 95% CI 下限	OR 95% CI 上限
家庭人均月收入（元）	1000 至 2000(不含)	<1000	0.846	0.127	5.638
	2000 至 4000(不含)		0.582	0.107	3.171
	4000 至 6000(不含)		0.821	0.153	4.419
	≥6000		1.038	0.194	5.563

七 对于亲密接触行为的看法

在调查对象中，55.22%的对象对于彼此之间的接吻、拥抱和相互抚摸等行为抱有可以理解的态度；12.96%的对象同意男孩和女孩之间可以有性行为，21.13%的对象同意男孩和女孩如果相爱可以有性行为，20.25%的对象同意如果男孩和女孩使用了避孕方法可以有性行为；单因素和多因素分析结果显示，性别、年级和父亲文化程度影响初高中生对发生性行为的看法（见表5-13 至表5-20）。

表5-13 初高中生对接吻、拥抱和相互抚摸的看法

单位：份，%

问题	回答情况 数量	占比
你如何看待男孩和女孩间的接吻、拥抱和相互抚摸		
支持	66	8.30
可以理解	439	55.22
反对	142	17.86
无所谓	148	18.62

表 5-14 初高中生对发生性行为的看法

单位：份，%

问题	回答情况	
	数量	占比
是否同意男孩和女孩可以有性行为		
同意	103	12.96
不确定	308	38.74
不同意	384	48.30
是否同意男孩和女孩如果相爱可以有性行为		
同意	168	21.13
不确定	313	39.37
不同意	314	39.50
是否同意如果男孩和女孩使用了避孕方法可以有性行为		
同意	161	20.25
不确定	320	40.25
不同意	314	39.50

表 5-15 初高中生对发生性行为看法的单因素分析

变量	数量（份）	是否同意男孩和女孩可以有性行为		χ^2	P
		同意(N=103)(%)	不同意或不确定(N=692)(%)		
性别				29.1587	<0.0001
男	397	19.40	80.60		
女	398	6.53	93.47		
年级				28.3108	<0.0001
初二	208	3.37	96.63		
初三	192	11.98	88.02		
高一	46	15.22	84.78		
高二	349	18.91	81.09		

续表

变量	数量（份）	是否同意男孩和女孩可以有性行为 同意（N=103）（%）	是否同意男孩和女孩可以有性行为 不同意/不确定（N=692）（%）	χ^2	P
父亲文化程度				0.0000	0.0096
小学	20	0.00	100.00		
初中	153	9.80	90.20		
高中、中专、技校、职校	314	10.83	89.17		
大专	141	14.18	85.82		
本科及以上	167	20.36	79.64		
母亲文化程度				6.9475	0.1387
小学	36	8.33	91.67		
初中	188	9.04	90.96		
高中、中专、技校、职校	287	12.54	87.46		
大专	162	15.43	84.57		
本科及以上	122	18.03	81.97		
目前主要居住方式				0.0020	0.2661
与父母一起住	699	12.88	87.12		
与（外）祖父母一起住	61	11.48	88.52		
学校集体宿舍	18	27.78	72.22		
其他	17	5.88	94.12		
家庭人均月收入（元）				19.1523	0.0007
<1000	10	20.00	80.00		
1000至2000(不含)	32	12.50	87.50		
2000至4000(不含)	200	5.50	94.50		
4000至6000(不含)	259	11.97	88.03		
≥6000	294	18.71	81.29		

表 5-16　初高中生对发生性行为看法的 logistic 回归分析

变量	比较组	参照组	OR	OR 95% CI 下限	OR 95% CI 上限
性别	女	男	0.273	0.167	0.446
年级	初三	初二	3.043	1.195	7.747
	高一		5.746	1.770	18.660
	高二		6.239	2.681	14.520
父亲文化程度	初中	小学	>999.999	<0.001	>999.999
	高中、中专、技校、职校		>999.999	<0.001	>999.999
	大专		>999.999	<0.001	>999.999
	本科及以上		>999.999	<0.001	>999.999
母亲文化程度	初中	小学	0.595	0.144	2.465
	高中、中专、技校、职校		0.953	0.234	3.881
	大专		1.170	0.270	5.081
	本科及以上		1.074	0.240	4.796
目前主要居住方式	与(外)祖父母一起住	与父母一起住	1.142	0.473	2.761
	学校集体宿舍		1.725	0.538	5.525
	其他		0.616	0.070	5.401
家庭人均月收入(元)	1000 至 2000(不含)	<1000	0.465	0.057	3.810
	2000 至 4000(不含)		0.162	0.025	1.064
	4000 至 6000(不含)		0.325	0.053	1.971
	≥6000		0.479	0.080	2.866

表 5-17　初高中生对相爱发生性行为看法的单因素分析

变量	数量(份)	是否同意男孩和女孩如果相爱可以有性行为 同意(N=168)(%)	不同意/不确定(N=627)(%)	χ^2	P
性别				13.4477	0.0002
男	397	26.45	73.55		

续表

变量	数量（份）	同意（N=168）（%）	不同意/不确定（N=627）（%）	χ^2	P
女	398	15.83	84.17		
年级				32.8233	<0.0001
初二	208	7.69	92.31		
初三	192	23.96	76.04		
高一	46	19.57	80.43		
高二	349	27.79	72.21		
父亲文化程度				0.0000	<0.0001
小学	20	0.00	100.00		
初中	153	15.03	84.97		
高中、中专、技校、职校	314	18.15	81.85		
大专	141	24.82	75.18		
本科及以上	167	31.74	68.26		
母亲文化程度				8.8463	0.0651
小学	36	13.89	86.11		
初中	188	14.89	85.11		
高中、中专、技校、职校	287	22.30	77.70		
大专	162	23.46	76.54		
本科及以上	122	27.05	72.95		
目前主要居住方式				0.0003	0.0759
与父母一起住	699	20.46	79.54		
与（外）祖父母一起住	61	29.51	70.49		
学校集体宿舍	18	33.33	66.67		
其他	17	5.88	94.12		
家庭人均月收入(元)				7.4068	0.1159

续表

变量	数理（份）	是否同意男孩和女孩如果相爱可以有性行为 同意(N=168)(%)	不同意/不确定(N=627)(%)	χ^2	P
<1000	10	10.00	90.00		
1000至2000(不含)	32	18.75	81.25		
2000至4000(不含)	200	16.00	84.00		
4000至6000(不含)	259	20.85	79.15		
≥6000	294	25.51	74.49		

表5-18 初高中生对相爱发生性行为看法的 logistic 回归分析

变量	比较组	参照组	OR	OR 95% CI 下限	上限
性别	女	男	0.487	0.337	0.703
年级	初三	初二	3.017	1.564	5.820
	高一		2.809	1.102	7.160
	高二		4.322	2.384	7.836
父亲文化程度	初中	小学	>999.999	<0.001	>999.999
	高中、中专、技校、职校		>999.999	<0.001	>999.999
	大专		>999.999	<0.001	>999.999
	本科及以上		>999.999	<0.001	>999.999
母亲文化程度	初中	小学	0.673	0.221	2.048
	高中、中专、技校、职校		1.119	0.375	3.340
	大专		0.976	0.307	3.110
	本科及以上		0.906	0.276	2.974
目前主要居住方式	与(外)祖父母一起住	与父母一起住	1.888	1.011	3.526
	学校集体宿舍		1.455	0.502	4.214
	其他		0.325	0.040	2.656

续表

变量	比较组	参照组	OR	OR 95% CI 下限	OR 95% CI 上限
家庭人均月收入（元）	1000 至 2000（不含）	<1000	2.555	0.236	27.633
	2000 至 4000（不含）		1.847	0.201	16.948
	4000 至 6000（不含）		2.044	0.226	18.455
	≥6000		2.283	0.254	20.495

表 5-19 初高中生对使用了避孕方法发生性行为看法的单因素分析

变量	数量（份）	是否同意男孩和女孩使用了避孕方法可以有性行为 同意（N=161）（%）	不同意/不确定（N=634）（%）	χ^2	P
性别				17.3533	<0.0001
男	397	26.20	73.80		
女	398	14.32	85.68		
年级				39.5334	<0.0001
初二	208	6.25	93.75		
初三	192	20.83	79.17		
高一	46	19.57	80.43		
高二	349	28.37	71.63		
父亲文化程度				10.5249	0.0325
小学	20	15.00	85.00		
初中	153	12.42	87.58		
高中、中专、技校、职校	314	20.06	79.94		
大专	141	22.70	77.30		
本科及以上	167	26.35	73.65		
母亲文化程度				7.2027	0.1256
小学	36	8.33	91.67		
初中	188	16.49	83.51		

续表

变量	数量（份）	是否同意男孩和女孩使用了避孕方法可以有性行为		χ^2	P
		同意（N=161）（%）	不同意/不确定（N=634）（%）		
高中、中专、技校、职校	287	21.60	78.40		
大专	162	20.99	79.01		
本科及以上	122	25.41	74.59		
目前主要居住方式				0.0004	0.1107
与父母一起住	699	19.46	80.54		
与（外）祖父母一起住	61	26.23	73.77		
学校集体宿舍	18	38.89	61.11		
其他	17	11.76	88.24		
家庭人均月收入（元）				8.1843	0.0851
<1000	10	30.00	70.00		
1000至2000（不含）	32	25.00	75.00		
2000至4000（不含）	200	14.00	86.00		
4000至6000（不含）	259	20.08	79.92		
≥6000	294	23.81	76.19		

表5-20 初高中生对使用了避孕方法发生性行为看法的 logistic 回归分析

变量	比较组	参照组	OR	OR 95% CI 下限	上限
性别	女	男	0.430	0.295	0.627
年级	初三	初二	3.411	1.688	6.891
	高一		3.782	1.437	9.958
	高二		5.698	3.013	10.776

续表

变量	比较组	参照组	OR	OR 95% CI 下限	OR 95% CI 上限
父亲文化程度	初中	小学	0.901	0.218	3.720
	高中、中专、技校、职校		1.277	0.327	4.984
	大专		1.162	0.282	4.790
	本科及以上		1.347	0.328	5.528
母亲文化程度	初中	小学	1.770	0.464	6.752
	高中、中专、技校、职校		2.218	0.591	8.324
	大专		2.071	0.520	8.247
	本科及以上		2.256	0.553	9.200
目前主要居住方式	与(外)祖父母一起住	与父母一起住	1.951	1.018	3.740
	学校集体宿舍		1.814	0.649	5.068
	其他		0.891	0.183	4.340
家庭人均月收入（元）	1000至2000(不含)	<1000	0.979	0.179	5.340
	2000至4000(不含)		0.374	0.082	1.717
	4000至6000(不含)		0.466	0.103	2.103
	≥6000		0.528	0.118	2.367

八 初高中生对意外怀孕情况的看法

调查对象中，55.60%的初高中生认为未婚妈妈是可以理解的，5.53%的初高中生周围发生过同学意外怀孕的情况，3.77%的对象表示会歧视那些意外怀孕的同学（见表5-21）。

表 5-21 初高中生对意外怀孕情况的看法

单位：份，%

问题	数量	占比
对未婚妈妈的看法		
正常,社会发展的必然	93	11.70
可以理解	442	55.60
难以接受	173	21.76
无所谓	87	10.94
周围是否有同学意外怀孕		
没有	531	66.79
有	44	5.53
不知道	220	27.67
假如有同学意外怀孕,你会怎么样		
劝她去"黑"诊所	11	1.38
劝她去正规医院	371	46.67
劝她告诉父母	275	34.59
劝她告诉老师	20	2.52
与我无关	109	13.71
其他	9	1.13
你会歧视那些意外怀孕的同学吗		
会	30	3.77
不会	632	79.50
不确定	133	16.73

九　初高中生面临的性骚扰问题

在调查对象中，26.92%的对象在假设遭受性骚扰时选择了不出声，躲到一边去；在公共场所被异性碰触过身体敏感部位的对象占11.19%；在学校碰到过性骚扰情况的对象占到4.78%（见表5-22）。

表5-22 初高中生面临的性骚扰问题

单位：份，%

问题	回答情况 数量	占比
如果有人对你性骚扰,你会怎么做		
不出声,忍受	28	3.52
不出声,躲到一边去	214	26.92
大声呵斥	418	52.58
其他	135	16.98
是否在公共场所被异性碰触过身体敏感部位		
是	89	11.19
否	706	88.81
是否在学校碰到过性骚扰		
是	38	4.78
否	757	95.22

十　青少年生殖健康的深层次需求分析和教育现状

22.14%的对象认为自身的性与生殖健康知识足够，很欠缺的占12.70%；60.13%的对象不清楚自己是否存在性与生殖健康问题；69.18%的对象认为我国目前的性与生殖健康教育情况有待完善；83.90%的对象认为学校有必要开设性与生殖健康相关课程；所在学校开展了一定的性与生殖健康教育的对象占比为

50.57%；单因素和多因素分析结果显示，男生更愿意学校开展性与生殖健康教育（表5-23至表5-27）。

表5-23 初高中生生殖健康的需求分析

单位：份，%

问题	数量	占比
自身的性与生殖健康知识是否足够		
足够	176	22.14
有一些	518	65.16
很欠缺	101	12.70
自己是否存在性与生殖健康问题		
是的	30	3.77
没有	287	36.10
不清楚	478	60.13

表5-24 初高中生对我国生殖健康教育现状的认知

单位：份，%

问题	数量	占比
我国目前的性与生殖健康教育情况		
很完善了	94	11.82
有待完善	550	69.18
亟须完善	125	15.72
没有必要开展	26	3.27
应该从何时开始接受性与生殖健康教育（岁）		
<6	41	5.16
6至12(不含)	234	29.43
12至18(不含)	481	60.50
≥18	39	4.91

表 5-25　初高中生对学校性与生殖健康教育的认知

单位：份，%

问题	回答情况 数量	占比
学校是否有必要开设性与生殖健康相关课程		
是	667	83.90
否	128	16.10
所在学校是否开展了性与生殖健康相关的教育		
是	402	50.57
否	232	29.18
不知道	161	20.25
是否希望学校开展性与生殖健康相关的教育		
希望	222	27.92
无所谓	503	63.27
不希望	70	8.81
所在学校是否提供性与生殖健康有关的咨询服务		
是	142	17.86
否	296	37.23
不知道	357	44.91
所在学校是否提供避孕药具服务		
是	13	1.64
否	494	62.14
不知道	288	36.23

表 5-26　初高中生对学校开展性与生殖健康相关的教育需求的单因素分析

变量	数量（份）	希望（N=222）（%）	无所谓/不希望（N=573）（%）	χ^2	P
性别				9.1577	0.0025
男	397	32.75	67.25		
女	398	23.12	76.88		

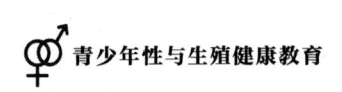

续表

变量	数量（份）	是否希望学校开展性与生殖健康相关的教育 希望（N=222）（%）	无所谓/不希望（N=573）（%）	χ^2	P
年级				1.2537	0.7402
初二	208	29.81	70.19		
初三	192	27.60	72.40		
高一	46	21.74	78.26		
高二	349	27.79	72.21		
父亲文化程度				7.2279	0.1243
小学	20	20.00	80.00		
初中	153	25.49	74.51		
高中、中专、技校、职校	314	29.62	70.38		
大专	141	21.28	78.72		
本科及以上	167	33.53	66.47		
母亲文化程度				2.8256	0.5874
小学	36	33.33	66.67		
初中	188	23.94	76.06		
高中、中专、技校、职校	287	29.62	70.38		
大专	162	29.63	70.37		
本科及以上	122	26.23	73.77		
目前主要居住方式				5.3477	0.1480
与父母一起住	699	27.75	72.25		
与（外）祖父母一起住	61	26.23	73.77		
学校集体宿舍	18	50.00	50.00		
其他	17	17.65	82.35		
家庭人均月收入(元)				6.0458	0.1958
<1000	10	50.00	50.00		

续表

变量	数量（份）	是否希望学校开展性与生殖健康相关的教育 希望(N=222)(%)	无所谓/不希望(N=573)(%)	χ^2	P
1000 至 2000(不含)	32	25.00	75.00		
2000 至 4000(不含)	200	24.00	76.00		
4000 至 6000(不含)	259	31.66	68.34		
≥6000	294	26.87	73.13		

表 5-27 初高中生对学校开展性与生殖健康相关的教育需求的 logistic 回归分析

变量	比较组	参照组	OR	OR 95% CI 下限	上限
性别	女	男	0.616	0.446	0.851
年级	初三	初二	0.809	0.500	1.308
	高一		0.562	0.249	1.267
	高二		0.828	0.550	1.248
父亲文化程度	初中	小学	1.499	0.441	5.095
	高中、中专、技校、职校		1.742	0.525	5.776
	大专		1.112	0.313	3.951
	本科及以上		2.429	0.693	8.517
母亲文化程度	初中	小学	0.650	0.290	1.455
	高中、中专、技校、职校		0.847	0.385	1.863
	大专		1.001	0.424	2.363
	本科及以上		0.643	0.257	1.611

续表

变量	比较组	参照组	OR	OR 95% CI 下限	上限
目前主要居住方式	与(外)祖父母一起住	与父母一起住	0.959	0.520	1.770
	学校集体宿舍		2.887	1.069	7.796
	其他		0.589	0.163	2.128
家庭人均月收入（元）	1000 至 2000(不含)	<1000	0.341	0.075	1.543
	2000 至 4000(不含)		0.349	0.093	1.316
	4000 至 6000(不含)		0.486	0.130	1.814
	≥6000		0.369	0.099	1.380

十一 家庭及同伴性与生殖健康教育

在调查对象中，68.05%的对象从不与父母讨论性与生殖健康相关的话题，父母从不关心孩子在学校接受性与生殖健康教育的情况比例达47.67%，从不与同龄人或同学、朋友谈论性与生殖健康问题的对象占30.57%（见表5-28）。

表5-28 初高中生家庭及同伴性与生殖健康教育现状

单位：份，%

问题	回答情况 数量	占比
是否与父母讨论性与生殖健康相关的话题		
经常	13	1.64
一般	32	4.03
偶尔	209	26.29
从不	541	68.05

第五章 上海市中学生生殖健康教育现状与干预效果评价研究结果

续表

问题	回答情况	
	数量	占比
父母是否关心过孩子在学校接受性与生殖健康教育的情况		
经常关心	73	9.18
偶尔关心	343	43.14
从不关心	379	47.67
是否与同龄人或同学、朋友谈论性与生殖健康问题		
总是	41	5.16
经常	47	5.91
一般	166	20.88
偶尔	298	37.48
从不	243	30.57

第二节 上海市中学生生殖健康教育干预效果评价

一 基本情况

本研究基线共调查初中、高中生800人，收回有效问卷795份，问卷有效率为99.38%。其中，对照组389人，干预组406人。终末调查时共发放问卷800份，回收有效问卷745份，问卷有效率为93.13%。其中，对照组383人，干预组362人，对象的基本人口学特征见表5-29，基线调查和终末调查时，对照组和干预组对象父亲、母亲的文化程度分布均有统计学差异。

139

表 5-29　调查对象的基本人口学特征

单位：份，%

变量	基线调查 对照组 数量	占比	基线调查 干预组 数量	占比	终末调查 对照组 数量	占比	终末调查 干预组 数量	占比
性别								
男	191	49.10	206	50.74	171	44.65	136	37.57
女	198	50.90	200	49.26	212	55.35	226	62.43
χ^2, P 值	$\chi_1^2 = 0.2134$	$P_1 = 0.6441$			$\chi_2^2 = 3.8437$	$P_2 = 0.0591$		
	$\chi_3^2 = 1.5345$	$P_3 = 0.2154$			$\chi_4^2 = 13.4201$	$P_4 = 0.0002$		
父亲文化程度								
小学及以下	9	2.31	11	2.71	6	1.57	7	1.93
初中	64	16.45	89	21.92	57	14.88	76	20.99
高中、中专	139	35.73	175	43.10	140	36.55	171	47.24
大专	75	19.28	66	16.26	84	21.93	60	16.57
本科及以上	102	26.22	65	16.01	96	25.07	48	13.26
χ^2, P 值	$\chi_1^2 = 16.8286$	$P_1 = 0.0021$			$\chi_2^2 = 25.6328$	$P_2 < 0.0001$		
	$\chi_3^2 = 0.1873$	$P_3 = 0.6652$			$\chi_4^2 = 0.1367$	$P_4 = 0.7116$		
母亲文化程度								
小学及以下	12	3.08	24	5.91	14	3.66	27	7.46
初中	93	23.91	95	23.40	77	20.10	99	27.35
高中、中专	122	31.36	165	40.64	125	32.64	135	37.29
大专	85	21.85	77	18.97	97	25.33	51	14.09
本科及以上	77	19.79	45	11.08	70	18.28	50	13.81
χ^2, P 值	$\chi_1^2 = 10.6968$	$P_1 = 0.0011$			$\chi_2^2 = 17.9602$	$P_2 < 0.0001$		
	$\chi_3^2 = 0.1491$	$P_3 = 0.6994$			$\chi_4^2 = 0.6774$	$P_4 = 0.4105$		

续表

变量	基线调查 对照组 数量	基线调查 对照组 占比	基线调查 干预组 数量	基线调查 干预组 占比	终末调查 对照组 数量	终末调查 对照组 占比	终末调查 干预组 数量	终末调查 干预组 占比
主要居住方式								
与父母一起住	342	87.92	357	87.93	310	80.94	318	87.85
与(外)祖父母一起居住	24	6.17	37	9.11	28	7.31	32	8.84
集体宿舍	18	4.63	0	0.00	40	10.44	5	1.38
其他	5	1.29	12	2.96	5	1.31	7	1.93
χ^2, P 值	$\chi_1^2=0.1031$ $\chi_3^2=7.5833$		$P_1=0.7481$ $P_3=0.0059$		$\chi_2^2=9.9372$ $\chi_4^2=0.0207$		$P_2=0.0016$ $P_4=0.8856$	
家庭人均月收入(元)								
<1000	4	1.03	6	1.48	5	1.31	5	1.38
1000 至 2000 (不含)	12	3.08	20	4.93	10	2.61	19	5.25
2000 至 4000 (不含)	93	23.91	107	26.35	85	22.19	98	27.07
4000 至 6000 (不含)	131	33.68	128	31.53	138	36.03	125	34.53
≥6000	149	38.30	145	35.71	145	37.86	115	31.77
χ^2, P 值	$\chi_1^2=2.2454$ $\chi_3^2=0.0448$		$P_1=0.1340$ $P_3=0.8324$		$\chi_2^2=7.2841$ $\chi_4^2=0.5164$		$P_2=0.1216$ $P_4=0.4724$	

注：P_1 为基线调查时对照组与干预组的比较；P_2 为终末调查时对照组与干预组的比较；P_3 为对照组两次调查结果的比较；P_4 为干预组两次调查结果的比较。以下表格中的 P 值意义同此表。

二 学生的性与生殖健康相关知识

对相关性与生殖健康知识的调查和比较显示，干预后干预组对象的性与生殖健康知识有一定的增加。干预后，干预组学生对"精子由什么器官产生""卵子由什么器官产生"的回答正确率均超过70%（表5-30）。

表5-30 调查对象性与生殖健康相关知识回答情况

单位：份，%

问题	基线调查 对照组 数量	占比	基线调查 干预组 数量	占比	终末调查 对照组 数量	占比	终末调查 干预组 数量	占比
精子由什么器官产生								
睾丸#	287	73.78	278	68.47	247	64.49	263	72.65
附睾	3	0.77	3	0.74	7	1.83	5	1.38
精囊腺	26	6.68	35	8.62	39	10.18	34	9.39
不知道	73	18.77	90	22.17	90	23.50	60	16.57
卵子由什么器官产生								
卵巢#	311	79.95	299	73.65	288	75.20	292	80.66
子宫	22	5.66	13	3.20	25	6.53	20	5.52
输卵管	6	1.54	10	2.46	9	2.35	8	2.21
不知道	50	12.85	84	20.69	61	15.93	42	11.60
正常情况下精卵在体内何处结合								
卵巢	26	6.68	42	10.34	27	7.05	23	6.35
子宫	204	52.44	221	54.43	175	45.69	91	25.14
输卵管#	56	14.40	20	4.93	90	23.50	183	50.55
阴道	28	7.20	15	3.69	24	6.27	15	4.14
不知道	75	19.28	108	26.60	67	17.49	50	13.81
从怀孕到分娩的时间(天)								
300	193	49.61	174	42.86	152	39.69	92	25.41
280#	99	25.45	104	25.62	151	39.43	193	53.31
266	22	5.66	35	8.62	12	3.13	9	2.49
不知道	75	19.28	93	22.91	68	17.75	68	18.78

续表

问题	基线调查 对照组 数量	基线调查 对照组 占比	基线调查 干预组 数量	基线调查 干预组 占比	终末调查 对照组 数量	终末调查 对照组 占比	终末调查 干预组 数量	终末调查 干预组 占比
青春期重大心理变化								
更加关注社会对自己的认同	109	28.02	122	30.05	117	30.55	50	13.81
更加关注身体发育	132	33.93	100	24.63	100	26.11	104	28.73
出现性欲及相关心理活动#	78	20.05	80	19.70	92	24.02	156	43.09
不知道	69	17.74	103	25.37	70	18.28	52	14.36
其他	1	0.26	1	0.25	4	1.04	0	0.00
青春期心理健康主要标志								
月经初潮或遗精	107	27.51	82	20.20	96	25.07	88	24.31
性冲动	29	7.46	37	9.11	37	9.66	24	6.63
保持乐观稳定情绪#	187	48.07	201	49.51	173	45.17	210	58.01
不知道	66	16.97	86	21.18	77	20.10	40	11.05

注：#为正确答案。

表5-31的分析结果显示，在基线调查时，干预组和对照组性与生殖健康知识回答正确率除"卵子由什么器官产生"和"正常情况下精卵在体内何处结合"两题对照组高于干预组以外，其他均无统计学差异。在终末调查时，干预组对象的性与生殖健康知识回答正确率均显著高于对照组，干预组对象对"精

子由什么器官产生""卵子由什么器官产生""从怀孕到分娩的时间""青春期重大心理变化"的回答正确率均高于基线调查时。在性病艾滋病方面，干预后，干预组对象听说过生殖道感染、性病的比例显著升高，分别达到87.85%、95.58%，对照组学生变化不大（见表5-32）。

表5-31 调查对象性与生殖健康相关知识回答正确率的比较

单位：份，%

问题	基线调查				终末调查			
	对照组		干预组		对照组		干预组	
	数量	占比	数量	占比	数量	占比	数量	占比
精子由什么器官产生								
正确	287	73.78	278	68.47	247	64.49	263	72.65
错误	102	26.22	128	31.53	136	35.51	99	27.35
χ^2, P值	$\chi_1^2 = 2.7168$		$P_1 = 0.0993$		$\chi_2^2 = 5.7324$		$P_2 = 0.0167$	
	$\chi_3^2 = 7.7971$		$P_3 = 0.0052$		$\chi_4^2 = 1.6031$		$P_4 = 0.2055$	
卵子由什么器官产生								
正确	311	79.95	299	73.65	288	75.20	292	80.66
错误	78	20.05	107	26.35	95	24.80	70	19.34
χ^2, P值	$\chi_1^2 = 4.4150$		$P_1 = 0.0356$		$\chi_2^2 = 3.2218$		$P_2 = 0.0727$	
	$\chi_3^2 = 2.5039$		$P_3 = 0.1136$		$\chi_4^2 = 5.3071$		$P_4 = 0.0212$	
正常情况下精卵在体内何处结合								
正确	56	14.40	20	4.93	90	23.50	183	50.55
错误	333	85.60	386	95.07	293	76.50	179	49.45
χ^2, P值	$\chi_1^2 = 20.5794$		$P_1 < 0.0001$		$\chi_2^2 = 58.5911$		$P_2 < 0.0001$	
	$\chi_3^2 = 10.4142$		$P_3 = 0.0013$		$\chi_4^2 = 204.6056$		$P_4 < 0.0001$	
从怀孕到分娩的时间								
正确	99	25.45	104	25.62	151	39.43	193	53.31
错误	290	74.55	302	74.38	232	60.57	169	46.69

续表

问题	基线调查 对照组 数量	基线调查 对照组 占比	基线调查 干预组 数量	基线调查 干预组 占比	终末调查 对照组 数量	终末调查 对照组 占比	终末调查 干预组 数量	终末调查 干预组 占比
χ^2, P 值	$\chi_1^2 = 0.0029$ $\chi_3^2 = 17.1926$		$P_1 = 0.9573$ $P_3 < 0.0001$		$\chi_2^2 = 14.4258$ $\chi_4^2 = 61.8281$		$P_2 = 0.0001$ $P_4 < 0.0001$	
青春期重大心理变化								
正确	78	20.05	80	19.70	92	24.02	156	43.09
错误	311	79.95	326	80.30	291	75.98	206	56.91
χ^2, P 值	$\chi_1^2 = 0.0150$ $\chi_3^2 = 1.7686$		$P_1 = 0.9025$ $P_3 = 0.1836$		$\chi_2^2 = 30.4447$ $\chi_4^2 = 49.1188$		$P_2 < 0.0001$ $P_4 < 0.0001$	
青春期心理健康主要标志								
正确	187	48.07	201	49.51	173	45.17	210	58.01
错误	202	51.93	205	50.49	210	54.83	152	41.99
χ^2, P 值	$\chi_1^2 = 0.1636$ $\chi_3^2 = 0.6523$		$P_1 = 0.6859$ $P_3 = 0.4193$		$\chi_2^2 = 12.2686$ $\chi_4^2 = 5.5556$		$P_2 = 0.0005$ $P_4 = 0.0184$	

表5–32 调查对象性与生殖健康相关知识回答情况（续）

单位：份，%

问题	基线调查 对照组 数量	基线调查 对照组 占比	基线调查 干预组 数量	基线调查 干预组 占比	终末调查 对照组 数量	终末调查 对照组 占比	终末调查 干预组 数量	终末调查 干预组 占比
听说过生殖道感染								
听说过	231	59.38	271	66.75	259	67.62	318	87.85
没有	158	40.62	135	33.25	124	32.38	44	12.15
χ^2, P 值	$\chi_1^2 = 4.6255$ $\chi_3^2 = 5.6457$		$P_1 = 0.0315$ $P_3 = 0.0175$		$\chi_2^2 = 43.5124$ $\chi_4^2 = 47.5865$		$P_2 < 0.0001$ $P_4 < 0.0001$	
听说过性病								
听说过	349	89.72	350	86.21	351	91.64	346	95.58
没有	40	10.28	56	13.79	32	8.36	16	4.42
χ^2, P 值	$\chi_1^2 = 2.3027$ $\chi_3^2 = 0.8469$		$P_1 = 0.1291$ $P_3 = 0.3574$		$\chi_2^2 = 4.7746$ $\chi_4^2 = 19.7636$		$P_2 = 0.0289$ $P_4 < 0.0001$	

续表

问题	基线调查 对照组 数量	占比	干预组 数量	占比	终末调查 对照组 数量	占比	干预组 数量	占比
听说过艾滋病								
听说过	381	97.94	395	97.29	375	97.91	358	98.90
没有	8	2.06	11	2.71	8	2.09	4	1.10
χ^2, P 值	$\chi_1^2=0.3624$		$P_1=0.5471$		$\chi_2^2=1.1350$		$P_2=0.2867$	
	$\chi_3^2=0.0010$		$P_3=0.9750$		$\chi_4^2=2.5690$		$P_4=0.1090$	
能避孕和防病的避孕方法								
安全套#	239	61.44	220	54.19	220	57.44	249	68.78
口服避孕药	10	2.57	9	2.22	9	2.35	10	2.76
安全期避孕	21	5.40	13	3.20	12	3.13	21	5.80
体外射精	19	4.88	18	4.43	12	3.13	13	3.59
不知道	100	25.71	146	35.96	130	33.94	69	19.06
能避孕和防病的避孕方法回答正确率比较								
正确	239	61.44	220	54.19	220	57.44	249	68.78
错误	150	38.56	186	45.81	163	42.56	113	31.22
χ^2, P 值	$\chi_1^2=1.2782$		$P_1=0.2582$		$\chi_2^2=17.1291$		$P_2<0.0001$	
	$\chi_3^2=4.2767$		$P_3=0.0386$		$\chi_4^2=10.2536$		$P_4=0.0014$	

注：#为正确答案。

将上述10道题目转化为百分制得分，计算调查对象的知识得分，按答对1题得1分，答错或不知道得0分，转换为总分100分进行计算，结果显示，基线调查时对照组的平均知识得分为55.58±17.45分，干预组的平均得分为54.15±18.41分；终末调查时对照组的平均得分为56.29±17.70分，干预组的平均得分为65.88±18.36分。终末调查时对象的知识得分均高于基线调查时,而干预组的知识得分均高于对照组。按照60分为及格进行分组,结果显示:基线调查时对象的性与生殖健康知识得分及格比例分别为58.87%、54.93%,两组相比无统计学差异(P=0.2621);终末调查时对象的知识得分及格比例分别为55.61%、72.93%,对照组干预前后变化无统计学意义,干预组干预后及格率提高,差异有统计学意义,终末调查时干预组及格率高于对照组,差异有统计学意义(见表5-33)。

表5-33 调查对象的性与生殖健康知识得分比较

项目	基线调查		终末调查	
	对照组	干预组	对照组	干预组
知识得分				
均值	55.58±17.45	54.15±18.41	56.29±17.70	65.88±18.36
T值,P值	$T_1=1.13$	$P_1=0.2583$	$T_2=-7.26$	$P_2<0.0001$
	$T_3=-0.56$	$P_3=0.5727$	$T_4=-8.84$	$P_4<0.0001$
知识得分是否及格				
不及格	160　41.13	183　45.07	170　44.39	98　27.07
及格	229　58.87	223　54.93	213　55.61	264　72.93
χ^2,P值	$\chi_1^2=1.2574$	$P_1=0.2621$	$\chi_2^2=24.1909$	$P_2<0.0001$
	$\chi_3^2=0.8346$	$P_3=0.3610$	$\chi_4^2=26.6956$	$P_4<0.0001$

采用logistic回归分析组别和时间的交互作用,调查对象知识得分是否及格的组别和时间交互作用项有统计学意义,说明干预活动显著提高了知识的及格率(见表5-34)。

表5-35分析并比较了两次调查和两组对象性与生殖健康知识得分及格比例的差异,干预后干预组学生的性与生殖健康知识得分及格比例显著高于对照组。多因素logistic回归分析显示,除

了终末调查时对象的知识得分提高和干预组的知识得分高于对照组外，主要居住方式和家庭人均月收入对调查对象的知识得分也有一定的影响。

表 5-34 调查对象知识得分是否及格的交互作用分析

效应	参数估计(β)	标准误	χ^2	P
截距	-0.3585	0.1030	12.1088	0.0005
组别(干预组/对照组)	0.1609	0.1434	1.2583	0.2620
时间点(终末/基线)	0.1331	0.1456	0.8353	0.3607
组别×时间	-0.9264	0.2124	19.0125	<0.0001

表 5-35 调查对象知识得分是否及格的多因素 logistic 回归分析

变量	比较组	参照组	OR	95% CI		aOR	Adjusted 95% CI	
组别	干预组	对照组	1.306	1.063	1.603	1.478	1.192	1.833
时间点	终末	基线	1.361	1.108	1.672	1.352	1.096	1.668
性别	女	男				0.823	0.666	1.017
父亲文化程度	初中	小学及以下				1.458	0.693	3.070
	高中/中专					1.490	0.716	3.100
	大专					1.521	0.704	3.285
	本科及以上					1.818	0.834	3.962
母亲文化程度	初中	小学及以下				0.727	0.431	1.226
	高中/中专					0.840	0.496	1.422
	大专					0.981	0.552	1.742
	本科及以上					1.000	0.543	1.843
主要居住方式	与(外)祖父母一起	与父母一起住				0.775	0.529	1.137
	集体宿舍					2.147	1.191	3.868
	其他					0.502	0.235	1.069

续表

变量	比较组	参照组	OR	95% CI	aOR	Adjusted 95% CI
家庭人均月收入（元）	1000 至 2000(不含)	<1000			2.357	0.821 6.769
	2000 至 4000(不含)				2.581	1.002 6.647
	4000 至 6000(不含)				2.612	1.019 6.691
	≥6000				2.630	1.027 6.739

注：OR 为包含时间和组别的分析结果；aOR 为包含这 7 个变量的分析结果。

三 学生对有关性行为的态度

对不同性行为态度的调查和比较显示，干预前后调查对象态度变化不明显（见表 5-36）。

表 5-36 调查对象对有关性行为的态度

单位：份，%

项目	基线调查 对照组 数量	占比	干预组 数量	占比	终末调查 对照组 数量	占比	干预组 数量	占比
婚前性行为								
非常反对	104	27.23	85	21.57	100	26.81	111	31.18
反对	84	21.99	92	23.35	69	18.50	70	19.66
中立	159	41.62	171	43.40	174	46.65	150	42.13
赞成	23	6.02	29	7.36	20	5.36	16	4.49
非常赞成	12	3.14	17	4.31	10	2.68	9	2.53
χ^2, P 值	$\chi_1^2=3.3003$		$P_1=0.0693$		$\chi_2^2=2.1143$		$P_2=0.1459$	
	$\chi_3^2=0.1333$		$P_3=0.7150$		$\chi_4^2=8.2761$		$P_4=0.0040$	
婚外性行为								
非常反对	225	58.90	207	52.54	232	62.20	199	55.90
反对	85	22.25	100	25.38	83	22.25	87	24.44

续表

项目	基线调查 对照组 数量	占比	干预组 数量	占比	终末调查 对照组 数量	占比	干预组 数量	占比
中立	63	16.49	71	18.02	54	14.48	54	15.17
赞成	2	0.52	8	2.03	1	0.27	11	3.09
非常赞成	7	1.83	8	2.03	3	0.80	5	1.40
χ^2, P 值	$\chi_1^2=2.9616$ $\chi_3^2=2.0398$		$P_1=0.0853$ $P_3=0.1532$		$\chi_2^2=4.9762$ $\chi_4^2=0.7472$		$P_2=0.0257$ $P_4=0.3874$	
商业性行为								
非常反对	207	54.19	195	49.37	215	57.64	189	53.09
反对	89	23.30	94	23.80	88	23.59	92	25.84
中立	76	19.90	92	23.29	62	16.62	65	18.26
赞成	4	1.05	5	1.27	4	1.07	5	1.40
非常赞成	6	1.57	9	2.28	4	1.07	5	1.40
χ^2, P 值	$\chi_1^2=2.4889$ $\chi_3^2=1.5648$		$P_1=0.1147$ $P_3=0.2110$		$\chi_2^2=1.4224$ $\chi_4^2=2.5797$		$P_2=0.2330$ $P_4=0.1082$	
同性性行为								
非常反对	170	44.50	145	36.71	142	38.07	127	35.67
反对	53	13.87	60	15.19	38	10.19	70	19.66
中立	118	30.89	132	33.42	149	39.95	116	32.58
赞成	18	4.71	29	7.34	18	4.83	22	6.18
非常赞成	23	6.02	29	7.34	26	6.97	21	5.90
χ^2, P 值	$\chi_1^2=6.2794$ $\chi_3^2=4.3639$		$P_1=0.1792$ $P_3=0.0367$		$\chi_2^2=0.3775$ $\chi_4^2=0.5291$		$P_2=0.5390$ $P_4=0.4670$	

终末调查时，学生对异性间的性接触，表示反对的比例有所升高。对于未婚异性间的性行为，无论是在相爱还是避孕的前提下，"反对"的比例为较高，而且比例均有所增加（见表5-37）。

表 5-37 调查对象有关未婚性行为的态度

单位：份，%

问题	基线调查 对照组 数量	基线调查 对照组 占比	基线调查 干预组 数量	基线调查 干预组 占比	终末调查 对照组 数量	终末调查 对照组 占比	终末调查 干预组 数量	终末调查 干预组 占比
如何看待男孩和女孩间的性接触								
支持	30	7.71	36	8.87	22	5.74	14	3.87
可以理解	223	57.33	216	53.20	216	56.40	190	52.49
反对	58	14.91	84	20.69	61	15.93	83	22.93
无所谓	78	20.05	70	17.24	84	21.93	75	20.72
χ^2, P 值	$\chi_1^2 = 1.0905$		$P_1 = 0.2964$		$\chi_2^2 = 1.0064$		$P_2 = 0.3158$	
	$\chi_3^2 = 0.0250$		$P_3 = 0.8745$		$\chi_4^2 = 5.0855$		$P_4 = 0.0241$	
是否同意未婚男女间有性行为								
同意	55	14.14	48	11.82	47	12.27	37	10.22
不确定	150	38.56	158	38.92	153	39.95	121	33.43
不同意	184	47.30	200	49.26	183	47.78	204	56.35
χ^2, P 值	$\chi_1^2 = 0.7441$		$P_1 = 0.3884$		$\chi_2^2 = 4.4933$		$P_2 = 0.0340$	
	$\chi_3^2 = 0.2168$		$P_3 = 0.6415$		$\chi_4^2 = 5.0855$		$P_4 = 0.0241$	
是否同意未婚男女间如果相爱可以有性行为								
同意	94	24.16	74	18.23	96	25.07	69	19.06
不确定	143	36.76	170	41.87	132	34.46	132	36.46
不同意	152	39.07	162	39.90	155	40.47	161	44.48
χ^2, P 值	$\chi_1^2 = 1.5858$		$P_1 = 0.2079$		$\chi_2^2 = 3.0801$		$P_2 = 0.0793$	
	$\chi_3^2 = 0.0076$		$P_3 = 0.9305$		$\chi_4^2 = 0.4843$		$P_4 = 0.4865$	
是否同意未婚男女间如果避孕可以有性行为								
同意	90	23.14	71	17.49	79	20.63	52	14.36
不确定	152	39.07	168	41.38	151	39.43	143	39.50
不同意	147	37.79	167	41.13	153	39.95	167	46.13
χ^2, P 值	$\chi_1^2 = 2.8627$		$P_1 = 0.0907$		$\chi_2^2 = 5.3220$		$P_2 = 0.0211$	
	$\chi_3^2 = 0.7258$		$P_3 = 0.3943$		$\chi_4^2 = 2.4269$		$P_4 = 0.1193$	

对于是否会歧视意外怀孕的同学，干预前后变化不大（见表5-38）。

表 5-38 调查对象有关未婚性行为的态度（续）

单位：份，%

问题	基线调查 对照组 数量	占比	基线调查 干预组 数量	占比	终末调查 对照组 数量	占比	终末调查 干预组 数量	占比
你如何看待未婚妈妈								
正常	43	11.05	50	12.32	51	13.32	41	11.33
可以理解	220	56.56	222	54.68	220	57.44	192	53.04
难以接受	86	22.11	87	21.43	76	19.84	90	24.86
无所谓	40	10.28	47	11.58	36	9.40	39	10.77
χ^2, P 值	$\chi_1^2 = 0.0124$ $\chi_3^2 = 1.1850$		$P_1 = 0.9114$ $P_3 = 0.2764$		$\chi_2^2 = 2.6862$ $\chi_4^2 = 0.2217$		$P_2 = 0.1012$ $P_4 = 0.6377$	
是否会歧视意外怀孕的同学								
会	20	5.14	10	2.46	17	4.44	10	2.76
不确定	303	77.89	329	81.03	287	74.93	292	80.66
不会	66	16.97	67	16.50	79	20.63	60	16.57
χ^2, P 值	$\chi_1^2 = 0.5167$ $\chi_3^2 = 1.6970$		$P_1 = 0.4722$ $P_3 = 0.1927$		$\chi_2^2 = 0.5240$ $\chi_4^2 = 0.0283$		$P_2 = 0.4692$ $P_4 = 0.8663$	

对于中学生恋爱的看法，干预前后均以中立态度居多（见表5-39）。采用logistic回归分析组别和时间对"中学生恋爱态度"的交互作用，结果显示：组别和时间的交互作用项没有统计学意义，提示干预活动对研究对象"中学生恋爱态度"的改变没有有意义（见表5-40）。表5-41显示，在集体宿舍居住的学生更倾向于对中学生恋爱持赞成态度。

表 5-39 调查对象对中学生恋爱的态度

单位：份，%

项目	基线调查				终末调查			
	对照组		干预组		对照组		干预组	
	数量	占比	数量	占比	数量	占比	数量	占比
中学生恋爱								
反对	80	20.57	112	27.59	80	20.89	95	26.24
中立	252	64.78	233	57.39	258	67.36	226	62.43
赞成	57	14.65	61	15.02	45	11.75	41	11.33
χ^2, P 值	$\chi_1^2 = 2.3006$		$P_1 = 0.1293$		$\chi_2^2 = 1.8468$		$P_2 = 0.1742$	
	$\chi_3^2 = 0.6010$		$P_3 = 0.4382$		$\chi_4^2 = 0.2764$		$P_4 = 0.5991$	

表 5-40 中学生恋爱态度的交互作用分析

效应	参数估计(β)	标准误	χ^2	P
截距1(赞成/反对)	-1.8869	0.0754	626.3957	<0.0001
截距2(无所谓/反对)	1.1631	0.0599	376.6566	<0.0001
组别(干预组/对照组)	0.1101	0.0517	4.5467	0.0330
时间点(终末/基线)	0.0418	0.0516	0.6588	0.4170
组别×时间	0.00978	0.0515	0.0360	0.8495

表 5-41 中学生恋爱态度的多因素 logistic 回归分析

变量	比较组	参照组	OR	95% CI		aOR	Adjusted 95% CI	
组别	干预组	对照组	0.802	0.655	0.982	0.877	0.710	1.082
时间点	终末	基线	0.920	0.751	1.126	0.923	0.752	1.133
性别	女	男				0.570	0.462	0.703
父亲文化程度	初中	小学及以下				1.209	0.584	2.500
	高中/中专					1.542	0.754	3.152
	大专					1.717	0.809	3.646
	本科及以上					1.892	0.884	4.048

续表

变量	比较组	参照组	OR	95% CI	aOR	Adjusted	95% CI
母亲文化程度	初中	小学及以下			0.669	0.403	1.109
	高中/中专				0.554	0.333	0.921
	大专				0.586	0.336	1.021
	本科及以上				0.631	0.349	1.140
主要居住方式	与(外)祖父母一起	与父母一起住			1.435	0.977	2.108
	集体宿舍				2.161	1.272	3.669
	其他				0.763	0.362	1.608
家庭人均月收入（元）	1000至2000(不含)	<1000			0.779	0.277	2.191
	2000至4000(不含)				0.701	0.278	1.769
	4000至6000(不含)				0.925	0.369	2.323
	≥6000				0.808	0.322	2.029

注：OR为包含时间和组别的分析结果；aOR为包含这7个变量的分析结果。

采用logistic回归分析组别和时间对"是否会歧视意外怀孕的学生"的交互作用（见表5-42），结果显示：组别和时间的交互作用项无统计学意义，提示干预活动对此的影响不大，而且终末调查时和基线调查时相比也无统计学差异，对照组和干预组之间也无明显差异，可见，"是否会歧视意外怀孕的学生"这个指标的变化较小。

从表5-43可见，主要居住方式和家庭人均月收入对"是否会歧视意外怀孕的学生"这一指标有影响，集体宿舍居住的学生歧视意外怀孕学生的风险较高，家庭人均月收入高的调查对象歧视意外怀孕学生的风险较高。

表 5-42 "是否会歧视意外怀孕的学生"的交互作用分析

效应	参数估计(β)	标准误	χ^2	P
截距 1	-1.5461	0.0671	531.1944	<0.0001
截距 2	3.2625	0.1351	583.2595	<0.0001
组别(干预组/对照组)	0.0139	0.0621	0.0500	0.8230
时间点(终末/基线)	-0.0546	0.0621	0.7737	0.3791
组别×时间	-0.0677	0.0621	1.1874	0.2759

表 5-43 "是否会歧视意外怀孕的学生"的多因素 logistic 回归分析

变量	比较组	参照组	OR	95% CI		aOR	Adjusted 95% CI	
组别	干预组	对照组	0.974	0.764	1.242	0.909	0.706	1.170
时间点	终末	基线	1.115	0.874	1.422	1.116	0.872	1.428
性别	女	男				1.183	0.922	1.519
父亲文化程度	初中	小学及以下				1.048	0.426	2.581
	高中、中专					1.283	0.529	3.114
	大专					1.395	0.551	3.533
	本科及以上					1.041	0.406	2.670
母亲文化程度	初中	小学及以下				1.036	0.571	1.881
	高中、中专					0.692	0.378	1.266
	大专					0.780	0.403	1.508
	本科及以上					0.623	0.307	1.262
主要居住方式	与(外)祖父母一起	与父母一起住				1.104	0.701	1.738
	集体宿舍					0.439	0.220	0.875
	其他					0.835	0.325	2.146
家庭人均月收入(元)	1000 至 2000(不含)	<1000				0.384	0.124	1.187
	2000 至 4000(不含)					0.296	0.110	0.792
	4000 至 6000(不含)					0.375	0.141	0.994
	≥6000					0.464	0.175	1.226

注：OR 为包含时间和组别的分析结果；aOR 为包含这 7 个变量的分析结果。

四　学生与异性交往和有关性行为的发生情况

在与异性交往方面，前后两次调查对象都是以"没有异常感觉"为主，比例在55%至60%，与异性交往方式也都是以"小团体"为主，其比例在60%至75%，但是终末调查时对照组"单独"交往的比例有所降低、"不想与异性交往"的比例有所升高；而干预组对象"单独"交往和"不想与异性交往"的比例均降低。此外，终末调查时干预组和对照组对象在与异性交往过程中"碰到过问题"比例的变化均无统计学意义（见表5-44）。

表5-44　调查对象与异性一般交往的情况

单位：份，%

项目	基线调查 对照组 数量	基线调查 对照组 占比	基线调查 干预组 数量	基线调查 干预组 占比	终末调查 对照组 数量	终末调查 对照组 占比	终末调查 干预组 数量	终末调查 干预组 占比
与异性交往的感觉								
兴奋	16	4.11	13	3.20	12	3.13	10	2.76
紧张或害羞	142	36.50	138	33.99	133	34.73	135	37.29
没有异常感觉	219	56.30	233	57.39	220	57.44	208	57.46
其他	12	3.08	22	5.42	18	4.70	9	2.49
χ^2, P 值	$\chi_1^2=2.2365$		$P_1=0.1348$		$\chi_2^2=0.8245$		$P_2=0.3639$	
	$\chi_3^2=1.4228$		$P_3=0.2329$		$\chi_4^2=1.4621$		$P_4=0.2266$	
与异性交往的方式								
小团体	272	69.92	250	61.58	276	72.06	266	73.48
单独	90	23.14	97	23.89	79	20.63	62	17.13

第五章 上海市中学生生殖健康教育现状与干预效果评价研究结果

续表

项目	基线调查 对照组 数量	占比	干预组 数量	占比	终末调查 对照组 数量	占比	干预组 数量	占比
不想与异性交往	27	6.94	59	14.53	28	7.31	34	9.39
χ^2, P 值	$\chi_1^2 = 10.8614$	$P_1 = 0.0010$			$\chi_2^2 = 0.0207$	$P_2 = 0.8856$		
	$\chi_3^2 = 0.1618$	$P_3 = 0.6875$			$\chi_4^2 = 11.3398$	$P_4 = 0.0008$		
有没有碰到问题								
有	128	32.90	109	26.85	123	32.11	101	27.90
没有	261	67.10	297	73.15	260	67.89	261	72.10
χ^2, P 值	$\chi_1^2 = 3.4795$	$P_1 = 0.0621$			$\chi_2^2 = 1.5698$	$P_2 = 0.2102$		
	$\chi_3^2 = 0.0548$	$P_3 = 0.8149$			$\chi_4^2 = 0.1067$	$P_4 = 0.7439$		

在与异性交往过程中碰到过哪些问题方面,"不知道怎么和异性相处"在终末调查时略有增加(见表5-45)。

表5-45 与异性一般交往中碰到的问题

单位:份,%

问题	基线调查 对照组 数量	占比	干预组 数量	占比	终末调查 对照组 数量	占比	干预组 数量	占比
异性不愿意和我交往								
是	12	10.00	17	16.67	7	5.83	6	6.12
否	108	90.00	85	83.33	113	94.17	92	93.88
χ^2, P 值	$\chi_1^2 = 1.6106$	$P_1 = 0.2044$			$\chi_2^2 = 0.0080$	$P_2 = 0.9287$		
	$\chi_3^2 = 1.4230$	$P_3 = 0.2329$			$\chi_4^2 = 5.4326$	$P_4 = 0.0198$		
总是处于被动状态								
是	37	30.83	35	34.31	43	36.13	30	30.93
否	83	69.17	67	65.69	76	63.87	67	69.07

157

续表

问题	基线调查				终末调查			
	对照组		干预组		对照组		干预组	
	数量	占比	数量	占比	数量	占比	数量	占比
χ^2, P 值	$\chi_1^2 = 0.3034$	$P_1 = 0.5818$			$\chi_2^2 = 0.6445$	$P_2 = 0.4221$		
	$\chi_3^2 = 0.7509$	$P_3 = 0.3862$			$\chi_4^2 = 0.2578$	$P_4 = 0.6116$		
总是有很多异性想和我交往								
是	13	10.83	10	9.80	19	15.97	3	3.09
否	107	89.17	92	90.20	100	84.03	94	96.91
χ^2, P 值	$\chi_1^2 = 0.0626$	$P_1 = 0.8024$			$\chi_2^2 = 9.6368$	$P_2 = 0.0019$		
	$\chi_3^2 = 1.3519$	$P_3 = 0.2450$			$\chi_4^2 = 0.2578$	$P_4 = 0.6116$		
不知道怎么和异性相处								
是	92	76.67	68	66.67	92	77.31	67	69.07
否	28	23.33	34	33.33	27	22.69	30	30.93
χ^2, P 值	$\chi_1^2 = 2.2649$	$P_1 = 0.1323$			$\chi_2^2 = 1.8587$	$P_2 = 0.1728$		
	$\chi_3^2 = 0.0139$	$P_3 = 0.9060$			$\chi_4^2 = 3.6490$	$P_4 = 0.0561$		

关于中学生恋爱这一问题，在基线调查时对照组有22.62%、干预组有20.44%的学生表示恋爱过，差异无统计学意义。在终末调查时这一比例在两组中均有一定的下降，但均未达到统计学差异（见表5-46）。在恋爱过的对象中，碰到过问题的比例在42%至47%，干预前后差异没有达到统计学显著水平。碰到较多的问题是"不愿意和对方谈恋爱，但又不敢拒绝"，因此，学校性教育应加强异性沟通和交流方面的技巧，教给学生互相尊重并能够说"不"，以免在自己的权利受到侵害时不敢拒绝。

表 5 – 46　调查对象恋爱情况

单位：份，%

问题	基线调查 对照组 数量	占比	基线调查 干预组 数量	占比	终末调查 对照组 数量	占比	终末调查 干预组 数量	占比
是否恋爱过								
是	88	22.62	83	20.44	71	18.54	60	16.57
否	301	77.38	323	79.56	312	81.46	302	83.43
χ^2, P 值	$\chi_1^2=0.5579$		$P_1=0.4551$		$\chi_2^2=0.4943$		$P_2=0.4820$	
	$\chi_3^2=1.9659$		$P_3=0.1609$		$\chi_4^2=1.8878$		$P_4=0.1694$	
最早是什么时候恋爱								
小学	8	9.88	7	8.75	7	10.77	2	3.17
初一	10	12.35	23	28.75	9	13.85	19	30.16
初二	32	39.51	21	26.25	27	41.54	19	30.16
初三	17	20.99	14	17.50	14	21.54	17	26.98
高一	9	11.11	11	13.75	6	9.23	2	3.17
其他	5	6.17	4	5.00	2	3.08	4	6.35
发生过以下行为								
抚摸	31	39.74	33	40.74	26	43.33	23	37.10
拥抱	52	66.67	60	75.00	40	66.67	42	67.74
接吻	33	42.31	33	41.25	23	38.33	20	32.26
性交	4	5.13	6	7.50	3	5.00	3	4.84
是否碰到过问题								
是	36	45.57	33	42.31	30	46.88	29	45.31
否	43	54.43	45	57.69	34	53.13	35	54.69
χ^2, P 值	$\chi_1^2=0.1684$		$P_1=0.6815$		$\chi_2^2=0.0312$		$P_2=0.8598$	
	$\chi_3^2=0.0241$		$P_3=0.8767$		$\chi_4^2=0.1281$		$P_4=0.7204$	
碰到过以下问题								
不愿意和对方谈恋爱，但又不敢拒绝	15	44.12	16	47.06	11	42.31	18	64.29

续表

问题	基线调查 对照组 数量	占比	干预组 数量	占比	终末调查 对照组 数量	占比	干预组 数量	占比
不愿意和对方谈恋爱,拒绝不成功	8	23.53	8	23.53	3	11.54	1	3.57
被迫发生了性行为	1	2.94	2	5.88	1	3.85	0	0.00

采用 logistic 回归分析组别和时间对"是否恋爱过"的交互作用,结果显示:组别和时间的交互作用无统计学意义(见表5-47),从表5-48可见,终末调查时学生的恋爱比例有所降低,干预组低于对照组,男生恋爱过的比例高于女生,集体宿舍学生恋爱过的比例高于和父母一起居住的学生(因变量赋值恋爱=0,没有恋爱=1)。

表5-47 "是否恋爱过"的交互作用分析

效应	参数估计(β)	标准误	χ^2	P
截距	1.4212	0.0648	481.6661	<0.0001
组别(干预组/对照组)	-0.0662	0.0648	1.0448	0.3067
时间点(终末/基线)	-0.1269	0.0648	3.8430	0.0500
组别×时间	0.00166	0.0648	0.0007	0.9795

表5-48 "是否恋爱过"的多因素 logistic 回归分析

变量	比较组	参照组	OR	95% CI		aOR	Adjusted 95% CI	
组别	干预组	对照组	1.141	0.887	1.469	1.017	0.778	1.329
时间点	终末	基线	1.289	1.000	1.661	1.339	1.030	1.740
性别	女	男				1.462	1.127	1.897

续表

变量	比较组	参照组	OR	95% CI	aOR	Adjusted	95% CI
父亲文化程度	初中	小学及以下			0.479	0.157	1.466
	高中、中专				0.544	0.179	1.650
	大专				0.640	0.202	2.021
	本科及以上				0.630	0.198	2.004
母亲文化程度	初中	小学及以下			0.677	0.350	1.309
	高中、中专				0.979	0.500	1.917
	大专				0.733	0.357	1.508
	本科及以上				0.787	0.366	1.693
主要居住方式	与(外)祖父母一起	与父母一起住			0.704	0.447	1.108
	集体宿舍				0.287	0.166	0.497
	其他				2.015	0.596	6.818
家庭人均月收入(元)	1000至2000(不含)	<1000			0.746	0.204	2.734
	2000至4000(不含)				1.157	0.355	3.770
	4000至6000(不含)				0.951	0.295	3.068
	≥6000				0.800	0.248	2.578

注：OR 为包含时间和组别的分析结果；aOR 为包含这 7 个变量的分析结果。

五 学生对性教育的态度和需求

终末调查时，干预组学生认为自己相关知识足够的比例为 26.52%，比基线时有所增加。有 56% 至 69% 的学生认为青少年性教育应该从 12 岁开始，还有 25% 至 33% 的学生认为应该从 6 岁起开始性教育，终末调查时干预组学生认为应该从 6 岁起的比例有所升高（32.60%）（见表 5-49）。

表 5-49 调查对象对青少年性教育的态度和需求

单位：份，%

问题	基线调查 对照组 数量	占比	基线调查 干预组 数量	占比	终末调查 对照组 数量	占比	终末调查 干预组 数量	占比
你认为自己的性相关知识是否足够								
足够	95	24.42	81	19.95	84	21.93	96	26.52
有一些	254	65.30	264	65.02	252	65.80	241	66.57
很欠缺	40	10.28	61	15.02	47	12.27	25	6.91
χ^2, P 值	$\chi_1^2=4.9598$	$P_1=0.0259$	$\chi_2^2=5.8031$	$P_2=0.0160$				
	$\chi_3^2=1.1700$	$P_3=0.2794$	$\chi_4^2=12.5536$	$P_4=0.0004$				
你认为自己是否有性相关问题								
是	16	4.11	14	3.45	14	3.66	8	2.21
不知道	140	35.99	147	36.21	144	37.60	163	45.03
没有	233	59.90	245	60.34	225	58.75	191	52.76
χ^2, P 值	$\chi_1^2=0.0764$	$P_1=0.7822$	$\chi_2^2=1.2422$	$P_2=0.2650$				
	$\chi_3^2=0.0285$	$P_3=0.8660$	$\chi_4^2=2.5157$	$P_4=0.1127$				
你认为青少年应该从几岁起接受性教育								
<6 岁	16	4.11	25	6.16	17	4.44	23	6.35
6 至 12(不含)	113	29.05	121	29.80	96	25.07	118	32.60
12 至 18(不含)	250	64.27	231	56.90	261	68.15	203	56.08
≥18	10	2.57	29	7.14	9	2.35	18	4.97
χ^2, P 值	$\chi_1^2=0.0034$	$P_1=0.9535$	$\chi_2^2=3.4633$	$P_2=0.0627$				
	$\chi_3^2=0.5237$	$P_3=0.4693$	$\chi_4^2=1.1381$	$P_4=0.2861$				

终末调查时，干预组学生认为学校有必要开设有关性与生殖健康教育课程的比例有所升高，知道所在学校开设了相关课程的比例也有所升高（见表 5-50）。

终末调查时所调查对象"希望学校开展性教育"的比例有所增加，对照组和干预组都高于基线调查时，干预组（44.48%）和对照组（29.77%）相比差异有统计学意义。在希望开展的内容方面，终末调查时学生对有关知识的期待比例均有所增加，较高比例的内容仍然是健康性心理知识、青春期保健知识。调查对象期望的主要教育形式讲座的比例较高（见表5-51）。

表5-50 调查对象对学校性与生殖健康教育的态度

单位：份，%

问题	基线调查 对照组 数量	基线调查 对照组 占比	基线调查 干预组 数量	基线调查 干预组 占比	终末调查 对照组 数量	终末调查 对照组 占比	终末调查 干预组 数量	终末调查 干预组 占比
你认为学校是否有必要开设性与生殖健康教育相关课程								
是	332	85.35	335	82.51	329	85.90	330	91.16
否	57	14.65	71	17.49	54	14.10	32	8.84
χ^2, P值	$\chi_1^2=1.1803$		$P_1=0.2773$		$\chi_2^2=5.0347$		$P_2=0.0248$	
	$\chi_3^2=0.0480$		$P_3=0.8266$		$\chi_4^2=12.3082$		$P_4=0.0005$	
所在学校是否开设性与生殖健康教育相关课程								
是	88	22.62	54	13.30	82	21.41	90	24.86
否	131	33.68	165	40.64	86	22.45	103	28.45
不知道	170	43.70	187	46.06	215	56.14	169	46.69
χ^2, P值	$\chi_1^2=4.8802$		$P_1=0.0272$		$\chi_2^2=4.6504$		$P_2=0.0310$	
	$\chi_3^2=5.5962$		$P_3=0.0180$		$\chi_4^2=3.9758$		$P_4=0.0462$	
是否足够								
是	126	51.43	72	51.80	89	50.86	110	54.19
否	55	22.45	25	17.99	44	25.14	41	20.20
不确定	64	26.12	42	30.22	42	24.00	52	25.62
χ^2, P值	$\chi_1^2=0.1670$		$P_1=0.6828$		$\chi_2^2=0.0395$		$P_2=0.8425$	
	$\chi_3^2=0.0352$		$P_3=0.8513$		$\chi_4^2=0.5424$		$P_4=0.4615$	

表 5-51 调查对象对学校性教育的需求

单位：份，%

问题	基线调查 对照组 数量	占比	基线调查 干预组 数量	占比	终末调查 对照组 数量	占比	终末调查 干预组 数量	占比
你希望学校开展性教育吗								
希望	105	26.99	117	28.82	114	29.77	161	44.48
无所谓	259	66.58	244	60.10	246	64.23	184	50.83
不希望	25	6.43	45	11.08	23	6.01	17	4.70
χ^2,P 值	$\chi_1^2=0.4810$		$P_1=0.4880$		$\chi_2^2=14.7509$		$P_2=0.0001$	
	$\chi_3^2=0.6626$		$P_3=0.4156$		$\chi_4^2=26.1478$		$P_4<0.0001$	
希望开展哪些方面的教育								
和异性正常交往知识	238	62.47	214	54.87	262	70.24	202	56.58
性发育知识	186	48.82	185	47.44	196	52.55	173	48.46
青春期保健知识	266	69.82	281	72.05	275	73.73	265	74.23
健康性心理知识	271	71.13	275	70.51	292	78.28	255	71.43
避孕知识	104	27.30	87	22.31	100	26.81	73	20.45
性病、艾滋病防护	147	38.58	145	37.18	127	34.05	111	31.09
其他	6	1.58	4	1.03	8	2.17	6	1.69
教育形式								
教材讲解	130	33.94	166	42.67	127	33.96	115	32.21
讲座	224	58.49	216	55.53	230	61.50	236	66.11
电视录像	143	37.34	147	37.79	174	46.52	145	40.62
人体模型讲解	101	26.37	110	28.28	124	33.16	96	26.89
宣传折页	77	20.10	88	22.62	82	21.93	70	19.61
一对一咨询	80	20.89	81	20.82	95	25.40	76	21.29
其他	7	1.85	9	2.33	6	1.63	4	1.12

采用 logistic 回归分析组别和时间对"是否希望学校开展性教育"的交互作用（见表 5-52），结果显示：组别和时间的交互作用项有统计学意义，说明干预活动使得学生希望学校开展性教育的比例增加。表 5-53"是否希望学校开展性教育"的多因素 logistic 回归分析结果显示，组别对学生"是否希望学校开展性教育"有影响，干预组学生希望值较高（因变量赋值：希望 = 1，无所谓 = 2，不希望 = 3）。

表 5-52 "是否希望学校开展性教育"的交互作用分析

效应	参数估计(β)	标准误	χ^2	P
截距 1	-2.6121	0.0997	686.5073	<0.0001
截距 2	0.7409	0.0551	180.8847	<0.0001
组别（干预组/对照组）	0.1296	0.0516	6.3186	0.0119
时间点（终末/基线）	0.2233	0.0517	18.6315	<0.0001
组别×时间	-0.1653	0.0516	10.2588	0.0014

表 5-53 "是否希望学校开展性教育"的多因素 logistic 回归分析

变量	比较组	参照组	OR	95% CI		aOR	Adjusted 95% CI	
组别	干预组	对照组	0.772	0.631	0.945	0.732	0.593	0.904
时间点	终末	基线	0.642	0.524	0.786	0.638	0.520	0.784
性别	男	女				1.223	0.996	1.504
父亲文化程度	初中	小学及以下				0.838	0.397	1.772
	高中、中专					0.842	0.403	1.759
	大专					0.955	0.441	2.070
	本科及以上					0.613	0.281	1.337
母亲文化程度	初中	小学及以下				1.641	1.000	2.694
	高中、中专					1.427	0.868	2.346
	大专					1.484	0.861	2.559
	本科及以上					1.959	1.095	3.505

续表

变量	比较组	参照组	OR	95% CI	aOR	Adjusted	95% CI
主要居住方式	与(外)祖父母一起	与父母一起住			1.296	0.882	1.906
	集体宿舍				0.685	0.408	1.150
	其他				1.204	0.563	2.574
家庭人均月收入(元)	1000至2000(不含)	<1000			1.291	0.464	3.590
	2000至4000(不含)				1.234	0.496	3.068
	4000至6000(不含)				0.920	0.372	2.275
	≥6000				1.073	0.434	2.654

注：OR 为包含时间和组别的分析结果；aOR 为包含这 7 个变量的分析结果。

第六章　杭州市萧山区青少年学校性与生殖健康教育的现状及干预效果评价

第一节　基线调查报告

本课题以青少年为研究的重点人群，了解杭州市萧山区的青少年的性与生殖健康教育情况，在学校开展定量的问卷调查和定性访谈，并在此基础上开展干预活动，评估干预的效果，以期为今后开展青少年性与生殖健康教育提供经验和依据。

本部分对基线调查和定性访谈的结果进行了分析和总结。

一　基本情况

本次共调查6所学校，每所学校各实际调查到的人数分别为：小学302人、290人，初中306人、298人，高中317人、291人。其中，调查男生857人，占47.51%；调查女生947人，占 52.49%；调查对象的平均年龄为 12.85（±1.87）岁，其中，小学为 10.54±0.61 岁，初中为 12.97±0.35 岁，高中为 14.99±0.36 岁。调查对象的基本人口学特征见表 6-1。

表 6-1 调查对象的基本人口学特征

单位：份，%

变量	小学 数量	小学 占比	初中 数量	初中 占比	高中 数量	高中 占比	合计 数量	合计 占比
性别								
男	302	51.01	274	45.36	281	46.22	857	47.51
女	290	48.99	330	54.64	327	53.78	947	52.49
年龄组（岁）								
≤10	271	45.78	—	—	—	—	271	15.08
11 至 13(不含)	316	53.38	41	6.80	—	—	357	19.87
13 至 15(不含)	3	0.51	562	93.20	40	6.62	605	33.67
15 至 16	—	—	—	—	564	93.38	564	31.39
民族								
汉	585	99.15	592	98.50	600	98.85	1777	98.83
其他	5	0.85	9	1.50	7	1.15	21	1.17
父亲的文化程度								
小学及以下	29	5.14	25	4.15	49	8.25	103	5.85
初中	135	23.94	129	21.43	303	51.01	567	32.22
高中、中专	172	30.50	162	26.91	166	27.95	500	28.41
大专	103	18.26	132	21.93	33	5.56	268	15.23
本科及以上	125	22.16	154	25.58	43	7.24	322	18.30
母亲的文化程度								
小学及以下	28	4.90	25	4.15	85	14.36	138	7.81
初中	134	23.47	157	26.04	305	51.52	596	33.75
高中、中专	193	33.80	181	30.02	147	24.83	521	29.50
大专	96	16.81	118	19.57	33	5.57	247	13.99
本科及以上	120	21.02	122	20.23	22	3.72	264	14.95

第六章　杭州市萧山区青少年学校性与生殖健康教育的现状及干预效果评价

续表

变量	小学 数量	小学 占比	初中 数量	初中 占比	高中 数量	高中 占比	合计 数量	合计 占比
主要居住方式								
与父母一起住	528	90.57	562	93.20	210	35.00	1300	72.79
学校集体宿舍	0	0.00	0	0.00	379	63.17	379	21.22
其他	55	9.43	41	6.80	11	1.83	107	5.99
家庭人均月收入(元)								
<2000	42	7.53	28	4.67	43	7.64	113	6.57
2000至4000(不含)	134	24.01	130	21.70	156	27.71	420	24.42
4000至6000(不含)	168	30.11	158	26.38	154	27.35	480	27.91
≥6000	214	38.35	283	47.25	210	37.30	707	41.10

二　学生的性与生殖健康相关知识

对相关性与生殖健康知识的调查显示，初中生和高中生掌握了一定的性生理知识，而小学生由于还未接受相关的教育，知识掌握程度较低。从表6-2可见，初中生、高中生对"精子由什么器官产生""卵子由什么器官产生"的回答正确率超过90%，而小学生只有20%多一点。但是对于青春期发育的性心理变化和心理健康方面的知识，调查对象掌握得不理想。

表6-2　调查对象性与生殖健康相关知识回答情况

单位：份，%

问题	小学 数量	小学 占比	初中 数量	初中 占比	高中 数量	高中 占比	合计 数量	合计 占比
精子由什么器官产生								

续表

问题	小学 数量	小学 占比	初中 数量	初中 占比	高中 数量	高中 占比	合计 数量	合计 占比
睾丸#	124	21.23	595	98.67	548	91.79	1267	70.90
附睾	4	0.68	2	0.33	1	0.17	10	0.56
精囊腺	67	11.47	3	0.50	17	2.85	87	4.87
不知道	389	66.61	3	0.50	31	5.19	423	23.67
卵子由什么器官产生								
卵巢#	153	26.11	588	97.35	558	93.78	1299	72.77
子宫	65	11.09	8	1.32	5	0.84	78	4.37
输卵管	13	2.22	7	1.16	11	1.85	31	1.74
不知道	355	60.58	1	0.17	21	3.53	377	21.12
正常情况下精卵在体内何处结合								
卵巢	15	2.58	5	0.83	2	0.33	22	1.23
子宫	120	20.62	8	1.32	24	4.00	152	8.50
输卵管#	24	4.12	589	97.52	537	89.50	1150	64.39
阴道	48	8.25	0	0.00	9	1.50	57	3.19
不知道	375	64.43	2	0.33	28	4.67	405	22.68
从怀孕到分娩的时间(天)								
300	134	22.98	196	32.45	241	40.37	571	32.01
280#	133	22.81	273	45.20	228	38.19	634	35.54
266	34	5.83	94	15.56	65	10.89	193	10.82
不知道	282	48.37	41	6.79	63	10.55	386	21.64
青春期重大心理变化								
关注社会认同	50	8.59	121	20.10	145	24.49	316	17.79
更加关注身体发育	119	20.45	118	19.60	140	23.65	377	21.23
出现性欲及相关的心理活动#	91	15.64	264	43.85	166	28.04	521	29.34
不知道	320	54.98	90	14.95	137	23.14	547	30.80
其他	2	0.34	9	1.50	4	0.68	15	0.84

第六章 杭州市萧山区青少年学校性与生殖健康教育的现状及干预效果评价

续表

问题	小学 数量	小学 占比	初中 数量	初中 占比	高中 数量	高中 占比	合计 数量	合计 占比
青春期心理健康主要标志								
月经初潮或遗精	48	8.33	146	24.21	128	21.55	322	18.16
性冲动	64	11.11	68	11.28	48	8.08	180	10.15
保持乐观稳定情绪#	167	28.99	364	60.36	346	58.25	877	49.46
不知道	297	51.56	25	4.15	72	12.12	394	22.22

注：#为正确答案。

在性病、艾滋病方面，调查对象听说过艾滋病的比例较高，这可能与社会的重视以及大众媒体的宣传有关。有50%左右的中学生知道安全套具有避孕和预防性病、艾滋病的双重保护作用（见表6-3）。

表6-3 调查对象性与生殖健康相关知识回答情况（续）

单位：份，%

问题	小学 数量	小学 占比	初中 数量	初中 占比	高中 数量	高中 占比	合计 数量	合计 占比
听说过生殖道感染								
没有	424	71.62	342	56.62	226	37.17	992	54.99
听说过	168	28.38	262	43.38	382	62.83	812	45.01
听说过性病								
没有	349	58.95	230	38.08	63	10.36	642	35.59
听说过	243	41.05	374	61.92	545	89.64	1162	64.41
听说过艾滋病								
没有	84	14.19	29	4.80	17	2.80	130	7.21
听说过	508	85.81	575	95.20	591	97.20	1674	92.79

续表

问题	小学 数量	小学 占比	初中 数量	初中 占比	高中 数量	高中 占比	合计 数量	合计 占比
能避孕和防病的避孕方法								
使用安全套#	114	19.62	290	48.01	347	58.52	751	42.24
口服避孕药	13	2.24	31	5.13	2	0.34	46	2.59
安全期避孕	45	7.75	45	7.45	49	8.26	139	7.82
体外射精	17	2.93	12	1.99	22	3.71	51	2.87
不知道	392	64.47	226	37.42	173	29.17	791	44.49

注：#为正确答案。

将上述10道题目转化为百分制得分，计算调查对象的知识得分，按答对1题得1分，答错或不知道得0分，转换为总分100分进行计算，结果显示，对象的平均知识得分为56.25±26.52分，其中小学生的平均得分为29.14±21.02分，初中生平均得分为69.11±16.69分，高中生平均得分为69.87±17.74分。按照60分为及格进行分组，结果显示本次调查对象性与生殖健康知识得分及格的比例为58.70%（1059人），其中小学生及格的比例仅为13.68%，初中生为77.81%，高中生为83.55%。

采用logistic回归分析调查对象性与生殖健康知识得分是否及格的影响因素，自变量包括所在学校、性别、父亲文化程度、母亲文化程度、主要居住方式和家庭人均月收入，结果显示：初中和高中学生的知识得分显著高于小学生（$P<0.0001$）；与家庭人均月收入2000元以下的对象相比，家庭人均月收入较高的学生，其性与生殖健康知识得分较高（$P<0.05$）（见表6-4）。

第六章 杭州市萧山区青少年学校性与生殖健康教育的现状及干预效果评价

表6-4 调查对象知识得分影响因素的多因素 logistic 回归分析结果

变量	比较组	参照组	β	SE	P值	OR	95% CI
学校	初中	小学	3.09	0.16	<0.0001	22.11	16.12~30.33
	高中		3.37	0.23	<0.0001	29.26	18.64~45.93
性别	男	女	-0.04	0.13	0.779	0.96	0.73~1.25
父亲文化程度	初中	小学及以下	0.38	0.30	0.208	1.46	0.81~2.64
	高中、中专		0.48	0.31	0.130	1.61	0.87~2.98
	大专		0.49	0.34	0.150	1.64	0.84~3.21
	本科及以上		0.43	0.34	0.150	1.54	0.77~3.08
母亲文化程度	初中	小学及以下	-0.20	0.29	0.219	0.83	0.481~1.42
	高中/中专		-0.30	0.29	0.487	0.75	0.42~1.33
	大专		-0.08	0.33	0.321	0.93	0.48~1.78
	本科及以上		-0.01	0.36	0.996	0.99	0.52~1.99
主要居住方式	学校集体宿舍	与父母一起住	0.33	0.24	0.169	1.40	0.87~2.24
	其他		-0.52	0.28	0.061	0.60	0.50~1.02
家庭人均月收入（元）	2000至4000（不含）	<2000	0.70	0.28	0.013	2.02	1.16~3.50
	4000至6000（不含）		0.67	0.28	0.017	1.92	1.13~3.38
	≥6000		0.70	0.27	0.010	2.01	1.18~3.41

三 学生对有关性行为的态度

对于不同性行为的态度的调查显示，反对婚前性行为的对象占63.65%，反对婚外性行为的对象占81.45%，反对商业性行为的对象占81.46%，反对同性性行为的对象占73.16%。对中学生恋爱这一现象，反对的比例为49.69%，主要是小学生和初中生反对的比例较高，而高中生反对的比例较低（见表6-5）。

表6-5 调查对象对有关性行为的态度

单位：份，%

项目	小学 数量	小学 占比	初中 数量	初中 占比	高中 数量	高中 占比	合计 数量	合计 占比
婚前性行为								
反对	352	66.67	427	70.93	317	53.55	1096	63.65
中立	146	27.65	157	26.08	228	38.51	531	30.84
赞成	30	5.68	18	2.99	47	7.94	95	5.52
婚外性行为								
反对	403	76.47	513	85.22	485	82.06	1401	81.45
中立	101	19.17	75	12.46	82	13.87	258	15.00
赞成	23	4.36	14	2.33	24	4.06	61	3.55
商业性行为								
反对	401	75.95	509	84.55	492	83.25	1402	81.46
中立	106	20.08	85	14.12	82	13.87	273	15.86
赞成	21	3.98	8	1.33	17	2.88	46	2.67
同性性行为								
反对	410	77.95	462	76.49	387	65.48	1259	73.16
中立	91	17.30	114	18.87	157	26.57	362	21.03
赞成	25	4.75	28	4.64	47	7.95	100	5.81
中学生恋爱								
反对	340	60.28	379	63.27	157	26.17	876	49.69
中立	198	35.11	202	33.72	354	59.00	754	42.77
赞成	26	4.61	18	3.01	89	14.83	133	7.54

总体来看，32.32%的对象对异性间的性接触表示理解，而46.05%的调查对象表示反对；随着年龄的增加，表示理解的比例增高，而表示反对的比例降低。对于未婚异性间的性行为，无论是在相爱还是避孕的前提下，反对的比例均较高。对于未婚妈妈，"可以理解"和"难以接受"的比例分别为41.96%、31.87%（见表6-6）。

表6-6 调查对象有关未婚性行为的态度

单位：份，%

问题	小学 数量	小学 占比	初中 数量	初中 占比	高中 数量	高中 占比	合计 数量	合计 占比
如何看待男孩和女孩间的性接触								
支持	6	1.05	9	1.49	24	4.02	39	2.20
可以理解	81	14.12	176	29.19	315	52.76	572	32.32
反对	354	62.11	306	50.75	155	25.96	815	46.05
无所谓	129	22.63	112	18.57	103	17.25	344	19.44
是否同意未婚男女间有性行为								
同意	22	3.94	20	3.32	57	9.42	99	5.60
不确定	149	26.65	145	24.05	176	29.09	470	26.60
不同意	388	69.41	438	72.64	372	61.49	1198	67.80
是否同意未婚男女间如果相爱可以有性行为								
同意	42	7.49	53	8.80	99	16.39	194	10.98
不确定	182	32.44	160	26.58	192	31.79	534	30.22
不同意	337	60.07	389	64.62	313	51.82	1039	58.80
是否同意未婚男女间如果避孕可以有性行为								
同意	19	3.39	31	5.14	80	13.33	130	7.37
不确定	186	33.16	179	29.68	182	30.33	547	31.01
不同意	356	63.46	393	65.17	338	56.33	1087	61.62
你如何看未婚妈妈								
正常	65	11.78	58	9.62	53	8.85	176	10.03
可以理解	180	32.61	250	41.46	306	51.09	736	41.96
难以接受	159	28.80	220	36.48	180	30.05	559	31.87
无所谓	148	26.81	75	12.44	60	10.02	283	16.13
是否会歧视意外怀孕的同学								
会	42	7.50	41	6.82	33	5.47	116	6.58
不会	321	57.32	411	68.39	437	72.47	1169	66.27
不确定	197	35.18	149	24.79	133	22.06	479	27.15

四 学生与异性交往和有关性行为的发生情况

对于异性交往的问题，与异性交往没有异常感觉的比例最高，达59.66%，愿意采取的方式最多的是小团体活动，占

60.83%,但在与异性交往的过程中,碰到过问题的比例有24.49%(见表6-7)。碰到的主要问题是"不知道怎么和异性相处",占59.06%(见表6-8)。

表6-7 调查对象与异性同学一般交往的情况

单位:份,%

问题	小学 数量	小学 占比	初中 数量	初中 占比	高中 数量	高中 占比	合计 数量	合计 占比
与异性同学交往的感觉								
兴奋	13	2.30	25	4.14	18	3.03	56	3.17
紧张或害羞	130	22.97	174	28.81	260	43.70	564	31.95
没有异常感觉	382	67.49	387	64.07	284	47.73	1053	59.66
其他	41	7.24	18	2.98	33	5.55	92	5.21
与异性交往的方式								
小团体	225	40.11	400	66.78	442	74.41	1067	60.83
单独	95	16.93	110	18.36	114	19.19	319	18.19
不想与异性交往	241	42.96	89	14.86	38	6.40	368	20.98
有没有碰到过问题								
有	98	17.22	86	14.65	245	41.11	429	24.49
没有	471	82.78	501	85.35	351	58.89	1323	75.51

表6-8 与异性同学一般交往中碰到的问题

单位:份,%

选项	小学 数量	小学 占比	初中 数量	初中 占比	高中 数量	高中 占比	合计 数量	合计 占比
异性不愿意和我交往	13	13.68	6	6.67	15	6.49	35	8.12
总是处于被动状态	27	28.42	21	20.79	72	31.17	120	28.10
总是有很多异性想和我交往	3	3.16	20	20.20	31	13.42	54	12.71
不知道怎么和异性相处	45	47.37	57	57.58	149	64.50	251	59.06
其他	11	11.58	30	30.93	22	9.61	63	14.96

对于早恋，7.23%的调查对象表示恋爱过，主要是高中生（17.61%），以初中二年级和三年级发生恋爱的比例较高，主要是异性间的拥抱行为。在发生过恋爱的对象中，41.73%的对象表示出现过问题，主要是不愿意和对方谈恋爱，但又不敢拒绝或拒绝不成功（见表6-9）。

采用logistic回归分析调查对象恋爱情况的影响因素，自变量包括所在学校、性别、父亲文化程度、母亲文化程度、主要居住方式和家庭人均月收入，结果显示：初中和高中学生有过恋爱情况的比例高于小学生（$P<0.0001$）；而男生有过恋爱行为的比例高于女生，OR值为1.86（95% CI：1.23至2.81）；不和父母一起居住或不住在学校集体宿舍的学生，其恋爱行为发生情况显著升高（见表6-10）。

表6-9 调查对象早恋情况

单位：份，%

问题	小学 数量	小学 占比	初中 数量	初中 占比	高中 数量	高中 占比	合计 数量	合计 占比
是否恋爱过								
是	4	0.69	19	3.15	106	17.61	129	7.23
否	576	99.31	584	96.85	496	82.39	1656	92.77
恋爱最早是什么时候(N=126)								
小学	4	100.00	8	40.00	11	10.78	23	18.25
初一			12	60.00	17	16.67	29	23.02
初二					31	30.39	31	24.60
初三					35	34.31	35	27.78
高一					8	7.84	8	6.35
发生过以下行为的比例(N=115)								
抚摸	0	0.00	5	26.32	31	33.70	36	31.30

续表

问题	小学 数量	小学 占比	初中 数量	初中 占比	高中 数量	高中 占比	合计 数量	合计 占比
拥抱	2	50.00	6	31.58	57	61.96	65	56.52
接吻	0	0.00	3	15.79	27	29.35	30	26.09
性交	0	0.00	1	5.26	3	3.26	4	3.48
是否碰到过问题(N=127)								
是	0	0.00	5	23.81	48	47.06	53	41.73
否	4	100.00	16	76.19	54	52.94	74	58.27
碰到过以下问题的比例(N=47)								
不愿意和对方谈恋爱,但又不敢拒绝			2	40.00	17	40.48	19	40.43
不愿意和对方谈恋爱,拒绝不成功			2	40.00	10	23.81	12	25.53
被迫发生了性行为					1	2.38	1	2.13

表6-10 调查对象是否恋爱的影响因素的多因素 logistic 回归分析结果

变量	比较组	参照组	β	SE	P值	OR	95% CI
学校	初中	小学	1.88	0.63	0.003	6.51	1.90~22.37
	高中		3.98	0.63	<0.0001	53.78	15.79~183.09
性别	男	女	0.62	0.21	0.003	1.86	1.23~2.81
父亲文化程度	初中	小学及以下	0.39	0.51	0.430	1.49	0.55~4.02
	高中、中专		0.80	0.52	0.124	2.23	0.83~6.18
	大专		0.02	0.64	0.974	1.02	0.29~3.62
	本科及以上		0.91	0.60	0.134	2.47	0.76~8.08
母亲文化程度	初中	小学及以下	0.46	0.38	0.226	1.58	0.75~3.32
	高中、中专		0.43	0.41	0.296	1.54	0.68~3.44
	大专		0.94	0.51	0.065	2.55	0.94~6.90
	本科及以上		-0.04	0.62	0.954	0.96	0.28~3.28
主要居住方式	集体宿舍	与父母一起住	0.09	0.24	0.695	1.10	0.68~1.78
	其他		1.50	0.44	0.0007	4.49	1.89~10.66

续表

变量	比较组	参照组	β	SE	P值	OR	95% CI
家庭人均月收入（元）	2000至4000(不含)	<2000	0.14	0.47	0.768	1.14	0.48~2.74
	4000至6000(不含)		-0.06	0.45	0.901	0.95	0.39~2.30
	≥6000		0.31	0.43	0.469	1.36	0.59~3.16

关于公共场所性骚扰及其应对情况，调查结果显示，5.89%的学生在公共场所碰到过性骚扰，而他们的第一反应主要是"保持沉默"（占45.16%），第二反应是"悄悄躲开"（占49.28%），第三反应是"告诉家长"（占33.33%）（见表6-11）。3.85%的学生表示在学校碰到过性骚扰，他们的第一反应主要是"大声呵斥"（占37.88%），但是"保持沉默"的比例也很高（占33.33%）；第二反应是"悄悄躲开"（占43.90%），第三反应是"告诉家长"（占22.86%）（见表6-12）。

表6-11 关于公共场所性骚扰及其应对情况

单位：份，%

问题	小学 数量	占比	初中 数量	占比	高中 数量	占比	合计 数量	占比
是否在公共场所碰到过性骚扰								
是	25	4.40	21	3.49	58	9.73	104	5.89
否	543	95.60	580	96.51	538	90.27	1661	94.11
第一反应(N=69)								
保持沉默	7	33.33	5	25.00	30	57.69	42	45.16
悄悄躲开	3	14.29	10	50.00	11	21.15	24	25.81
大声呵斥	5	23.81	4	20.00	9	17.31	18	19.35

续表

问题	小学 数量	小学 占比	初中 数量	初中 占比	高中 数量	高中 占比	合计 数量	合计 占比
告诉家长	2	9.52	1	5.00	0	0.00	3	3.23
告诉老师	1	4.76	0	0.00	0	0.00	1	1.08
求助	0	0.00	0	0.00	1	1.92	1	1.08
其他	3	14.29	0	0.00	1	1.92	4	4.30
第二反应(N=54)								
保持沉默	2	14.29	3	15.00	2	5.71	7	10.14
悄悄躲开	6	42.86	5	25.00	23	65.71	34	49.28
大声呵斥	2	14.29	9	45.00	2	5.71	13	18.84
告诉家长	1	7.14	2	10.00	5	14.29	8	11.59
告诉老师	1	7.14	0	0.00	1	2.86	2	2.90
求助	2	14.29	1	5.00	2	5.71	5	7.25
第三反应(N=54)								
保持沉默	2	22.22	0	0.00	1	4.00	3	5.56
大声呵斥	1	11.11	5	25.00	4	16.00	10	18.52
告诉家长	3	33.33	7	35.00	8	32.00	18	33.33
告诉老师	2	22.22	6	30.00	2	8.00	10	18.52
求助	1	11.11	2	10.00	4	16.00	7	12.96
其他	0	0.00	0	0.00	6	24.00	6	11.11

注:"求助"指向学校、公安机关、青少年保护机构等寻求帮助。

表6-12 关于学校性骚扰及其应对情况

单位:份,%

问题	小学 数量	小学 占比	初中 数量	初中 占比	高中 数量	高中 占比	合计 数量	合计 占比
是否在学校碰到过性骚扰								
是	21	3.69	19	3.16	28	4.71	68	3.85
否	548	96.31	583	96.84	567	95.29	1698	96.15
第一反应(N=66)								
保持沉默	5	23.81	6	33.33	11	40.74	22	33.33

续表

问题	小学		初中		高中		合计	
	数量	占比	数量	占比	数量	占比	数量	占比
悄悄躲开	3	14.29	2	11.11	2	7.41	7	10.61
大声呵斥	5	23.81	10	55.56	10	37.04	25	37.88
告诉家长	2	9.52	0	0.00	0	0.00	2	3.03
告诉老师	3	14.29	0	0.00	2	7.41	5	7.58
其他	3	14.29	0	0.00	2	7.41	5	7.58
第二反应(N=41)								
保持沉默	0	0.00	4	26.67	0	0.00	4	9.76
悄悄躲开	6	46.15	5	33.33	7	53.85	18	43.90
大声呵斥	5	38.46	1	6.67	1	7.69	7	17.07
告诉家长	1	7.69	2	13.33	2	15.38	5	12.20
告诉老师	1	7.69	2	13.33	1	7.69	4	9.76
求助	0	0.00	0	0.00	1	7.69	1	2.44
其他	0	0.00	1	6.67	1	7.69	2	4.88
第三反应(N=35)								
保持沉默	1	9.09	4	28.57	2	20.00	7	20.00
悄悄躲开	2	18.18	2	14.29	0	0.00	4	11.43
大声呵斥	2	18.18	1	7.14	3	30.00	6	17.14
告诉家长	2	18.18	3	21.43	3	30.00	8	22.86
告诉老师	3	27.27	2	14.29	1	10.00	6	17.14
求助	1	9.09	0	0.00	0	0.00	1	2.86
其他	0	0.00	2	14.29	1	10.00	3	8.57

注："求助"指向学校、公安机关、青少年保护机构等寻求帮助。

五 学生对性教育的态度和需求

在调查对象中，74.82%的调查对象认为青少年需要了解性与生殖健康相关知识，而认为自己性相关知识足够的比例仅有13.30%。2.80%的学生认为自己有性与生殖健康方面的问题，还有37.80%的对象表示不知道。56.26%的学生表示从12岁起应该接受性相关的教育，还有19.94%的对象认为应该从6岁起接受性相关的教育（见表6-13）。

表6-13 调查对象对青少年性与生殖健康教育的态度和需求

单位：份，%

问题	小学 数量	小学 占比	初中 数量	初中 占比	高中 数量	高中 占比	合计 数量	合计 占比
青少年需要了解性与生殖健康相关知识吗								
需要	300	52.26	504	81.14	524	87.04	1328	74.82
无所谓	153	26.66	79	13.19	65	10.80	297	16.73
不需要	121	21.08	16	2.67	13	2.16	150	8.45
你认为自己的性与生殖健康相关知识是否足够								
足够	67	11.80	81	13.41	88	14.62	236	13.30
有一些	258	45.42	429	71.03	434	72.09	1121	63.19
很欠缺	243	42.78	94	15.56	80	13.29	417	23.51
你认为自己是否有性与生殖健康相关问题								
是	12	2.08	18	2.98	20	3.32	50	2.80
不知道	243	42.11	202	33.44	229	38.04	674	37.80
没有	322	55.81	384	63.58	353	58.64	1059	59.39
你认为青少年应该从几岁起接受性教育（岁）								
<6	15	2.67	26	4.30	35	5.83	76	4.31
6至12(不含)	113	20.14	113	18.71	126	21.00	352	19.94
12至18(不含)	219	39.04	365	60.43	409	68.17	993	56.26
18	214	38.15	100	16.56	30	5.00	344	19.49

在调查对象中，73.06%的对象认为学校有必要开展性与生殖健康教育；所在学校开设了性与生殖健康教育相关课程的对象为26.11%，还有36.64%的学生表示不知道学校是否开设了

此类课程。在428名知道学校开设了此类课程的学生中,只有39.25%的对象表示课程"足够"(见表6-14)。

表6-14 调查对象对学校性与生殖健康教育的态度

单位:份,%

问题	小学 数量	小学 占比	初中 数量	初中 占比	高中 数量	高中 占比	合计 数量	合计 占比
你认为学校是否有必要开设相关课程								
是	290	51.97	496	82.12	502	83.53	1288	73.06
否	268	48.03	108	17.88	99	16.47	475	26.94
你所在学校是否开设了相关课程								
是	151	26.03	157	25.99	158	26.29	466	26.11
否	236	40.69	216	35.76	213	35.44	665	37.25
不知道	193	33.28	231	38.25	230	38.27	654	36.64
是否足够(N=428)								
是	52	38.52	66	43.42	50	35.46	168	39.25
否	42	31.11	52	34.21	39	27.66	133	31.07
不确定	41	30.37	34	22.37	52	36.88	127	29.67

在调查对象中,26.98%的调查对象希望学校开展性教育,主要内容包括健康性心理知识(66.52%)、青春期保健知识(63.56%)、和异性正常交往知识(47.28%)、性发育知识(39.16%)等,而对于初中和高中学生,对健康性心理知识与和异性正常交往知识需求比例较高。希望教育的主要形式还是讲座、电视录像、教材讲解的模式(见表6-15)。而学生比较期望获得知识的来源还是以父母、医生、计生工作者、老师为主(见表6-16)。

表6-15 调查对象对学校性教育的需求

单位：份，%

问题	小学 数量	小学 占比	初中 数量	初中 占比	高中 数量	高中 占比	合计 数量	合计 占比
你希望学校开展性教育吗								
希望	112	19.51	169	27.98	199	33.11	480	26.98
无所谓	259	45.12	378	62.58	362	60.23	999	56.16
不希望	203	35.37	57	9.44	40	6.66	300	16.86
希望开展哪些方面的教育（N=1762）								
和异性正常交往知识	91	16.13	362	60.03	380	63.87	833	47.28
性发育知识	134	23.76	344	57.05	212	35.63	690	39.16
青春期保健知识	243	43.09	441	73.13	436	73.28	1120	63.56
健康性心理知识	302	53.55	454	75.29	416	69.92	1172	66.52
避孕知识	28	4.96	136	22.55	132	22.18	296	16.80
性病、艾滋病防护	228	40.43	22	3.65	160	26.89	410	23.27
其他	59	10.46	102	16.92	16	2.69	177	10.05
希望的教育形式（N=1766）								
教材讲解	135	23.73	315	52.15	173	29.17	623	35.28
讲座	335	58.88	437	72.35	404	68.13	1176	66.59
电视录像	154	27.07	241	39.90	252	42.50	647	36.64
人体模型讲解	146	25.66	196	32.45	128	21.59	470	26.61
宣传折页	49	8.61	123	20.36	106	17.88	278	15.74
一对一咨询	53	9.31	10	1.66	107	18.04	170	9.63
其他	44	7.73	71	11.75	12	2.02	127	7.19

表6-16 青少年希望从"谁那里获得性相关信息"的调查结果

单位：份，%

选项	小学 数量	小学 占比	初中 数量	初中 占比	高中 数量	高中 占比	合计 数量	合计 占比
第一顺位（N=1745）								
父亲	149	26.61	158	26.29	49	8.39	356	20.40
母亲	148	26.43	168	27.95	113	19.35	429	24.58

第六章 杭州市萧山区青少年学校性与生殖健康教育的现状及干预效果评价

续表

选项	小学 数量	小学 占比	初中 数量	初中 占比	高中 数量	高中 占比	合计 数量	合计 占比
同龄朋友	32	5.71	93	15.47	134	22.95	259	14.84
医生	127	22.68	108	17.97	167	28.60	402	23.04
计生工作者	43	7.68	40	6.66	48	8.22	131	7.51
老师	18	3.21	25	4.16	45	7.71	88	5.04
其他	43	7.68	9	1.50	28	4.79	80	4.58
第二顺位(N=1463)								
父亲	29	6.90	19	3.29	25	5.38	73	4.99
母亲	145	34.52	128	22.15	67	14.41	340	23.24
同龄朋友	39	9.29	82	14.19	71	15.27	192	13.12
医生	95	22.62	170	29.41	153	32.90	418	28.57
计生工作者	67	15.95	110	19.03	97	20.86	274	18.73
老师	37	8.81	63	10.90	38	8.17	138	9.43
其他	8	1.90	6	1.04	14	3.01	28	1.91
第三顺位(N=1320)								
父亲	20	5.59	13	2.30	8	2.01	41	3.11
母亲	27	7.54	11	1.95	26	6.53	64	4.85
同龄朋友	38	10.61	54	9.57	62	15.58	154	11.67
医生	97	27.09	97	17.20	55	13.82	249	18.86
计生工作者	50	13.97	90	15.96	106	26.63	246	18.64
老师	68	18.99	208	36.88	78	19.60	354	26.82
其他	58	16.20	91	16.13	63	15.83	212	16.06

采用多因素逐步 logistic 回归的方法（逐步回归，sle=0.10，sls=0.15），分析调查对象是否希望学校开展性教育的影响因素，自变量包括学校、性别、父亲文化程度、母亲文化程度、主要居住方式、家庭人均月收入、青少年是否需要了解性相关知识、自己的性相关知识是否足够、自身是否存在性相关问题、知识得分

是否及格,因变量为有序多分类变量"是否希望学校开展性教育"(希望=1,无所谓=2,不希望=3),结果共筛选出5个影响因素。5个影响学校开展性教育的因素如下:与小学生相比,初中生和高中生希望学校开展性教育的比例升高;不和父母一起居住或不住在学校集体宿舍的学生,其希望开展性教育的比例较高;认为青少年需要了解性知识的对象希望学校开展性教育的比例升高;认为自己知识足够或有一些的同学希望学校开展性教育的比例高于知识欠缺的同学;认为自己存在性相关问题的同学希望学校开展性教育的比例较高;与知识得分不及格的对象相比,知识得分及格的对象希望学校开展性教育的比例较高。可见有一部分同学,认为自己知识欠缺,而且实际上知识得分并不及格,他们反而希望开展性教育的比例较低,这说明这一部分学生对性与生殖健康教育的态度消极,没有学习的主动性,态度消极决定了知识得分较低,他们应该是学校性教育的重点人群(见表6-17、表6-18)。

表6-17 多因素逐步logistic回归的方法变量赋值

变量	赋值
学校	小学=1,初中=2,高中=3(哑变量,参照组=小学)
性别	男=1,女=2(参照组=女)
父亲文化程度	小学及以下=1,初中=2,高中、中专=3,大专=4,本科及以上=5(哑变量,参照组=小学及以下)
母亲文化程度	小学及以下=1,初中=2,高中、中专=3,大专=4,本科及以上=5(哑变量,参照组=小学及以下)
主要居住方式	与父母一起住=1,学校集体宿舍=2,其他=3(哑变量,参照组=与父母一起住)

续表

变量	赋值
家庭人均月收入（元）	<2000=1,2000至4000(不含)=2,4000至6000(不含)=3,≥6000=4(哑变量,参照组=<2000)
青少年是否需要了解性相关知识	需要=1,无所谓=2,不需要=3(哑变量,参照组=不需要)
自己的性相关知识是否足够	足够=1,有一些=2,欠缺=3(哑变量,参照组=欠缺)
自身是否存在性相关问题	有=1,不清楚=2,无=3(哑变量,参照组=无)
知识得分是否及格	及格=1,不及格=0

表6-18 调查对象是否希望学校开展性教育的多因素 logistic 回归分析结果

变量	比较组	参照组	β	SE	P值	OR	95% CI
学校	初中	小学	0.43	0.13	0.001	1.54	1.18~1.99
	高中		0.67	0.18	0.0001	1.96	1.38~2.77
主要居住方式	集体宿舍	与父母一起住	0.008	0.18	0.965	1.01	0.71~1.43
	其他		0.54	0.22	0.014	1.72	1.12~2.66
是否需要了解相关知识	需要	不需要	2.46	0.21	<0.0001	11.69	7.65~19.90
	无所谓		0.91	0.23	<0.0001	2.47	1.59~3.86
性知识是否足够	足够	欠缺	0.57	0.18	0.0001	1.76	1.24~2.50
	有一些		0.32	0.13	0.012	1.37	1.06~1.78
是否存在性问题	有	无	1.92	0.34	<0.0001	6.83	3.48~13.40
	不清楚		0.46	0.10	<0.0001	1.58	1.29~1.94
知识得分	及格	不及格	0.43	0.14	0.002	1.53	1.18~2.00

第二节 定性访谈结果总结

一 基本情况

按照研究计划,定性研究包括小组访谈和个人深度访谈。小组访谈每个学校男生(每组8至10人)、女生(每组8至10人)、男老师(每组6至8人)、女老师(每组6至8人)各1组;个人深度访谈每个学校管理人员2人、男老师和女老师各2人。

研究共开展小组访谈24组,涉及216人。个人深度访谈36人次。

二 管理人员和老师个人访谈结果

关于"我国目前青少年的性与生殖健康教育情况",大多数学校管理人员和老师都表示"比以前好多了",但还是远远不够,不能满足学生的需求。目前我们这里还是"没有专职老师",虽然有心理健康老师,但是专门针对生殖健康的老师暂时还是没有;"老师也缺乏专业知识,不敢深入讲"。此外,存在的问题还有:"缺乏专业的教材""心理上的问题解决不好""家长的培养意识还是不足""敏感话题,不敢深入讲"。总的来说,中国社会整体还是比较传统的,很多人羞于谈论"性"这个问题。但现在互联网发达,学生自己也了解得多,家长、老师也渗透得比以前多一点儿。

关于"目前青少年最突出的性与生殖健康问题",很多访谈对象表示互联网发达也带来了一定的弊端,特别是互联网上不良信息较多，学生不会筛选科学的知识，有的老师表示"以前高年级学生的手机上不良的图片和视频比较多的"，弄得不好会造成不良后果的。对于学校而言，更多的还是一个教育引导。因为社会比较复杂，学生接触到网络后会面对各种信息，我们不可能强制隔离，所以最多的还是教育引导。初中、高中的个别老师表示学生中恋爱的也有，但是大多数老师都表示"学生出现问题不会主动找老师"，基本上都是老师发现问题去帮助他们解决，发现不了的也没有办法。此外，还有的老师表示"青少年接触社会不多，容易上当受骗"。有个别特殊家庭，比如离异家庭的孩子，更容易出现一些问题，这与家长教育不足有关。

关于"学校开设性与生殖健康教育课程"方面，大多数管理人员和老师都表示有一定的教育课程，但比较少，主要还是性发育方面的内容。科学课主要涉及身体发育的生理知识、生殖常识、男女发育差别，主要是按教材上讲的，虽有涉及但课时不多。大多数性与生殖健康教育主要是通过班主任发现问题后及时进行的，或者一些班务课上会提到一点性与生殖健康方面的内容。有个别学校有心理健康室，有专门的指导老师，这样的效果还是比较好的。但大多数管理人员和老师均表示目前的性与生殖健康教育内容远远不够，而且不系统、不专业，学校更是缺乏性与生殖健康相关的咨询师。

"学生的性与生殖健康教育是否可行"还是要进一步通过专家论证，通过分年龄段的教育，所以其关键是如何科学地设置教材、配备教师。

学校可以采取更多的形式，比如，邀请外面的专家讲课、播放电视录像、小班教学或者男女生分开教学，开设心理健康课程、设置心理健康室并安排专门的指导老师。此外，学校还可以"开展无记名问卷调查，有些学生更能够大胆地说出来"，"老师应该走进学生中间，以他们的眼光看问题"。

三　教师小组访谈结果

关于"学校目前的性与生殖健康情况"，大多数老师都表示没有专业的教材，"教材不成系统""心理课侧重心理、科学课侧重生理器官""没有提到出了问题如何解决""与其遮掩还不如坦诚讲""对于初中生这方面教育最重要，更应该讲全面的知识"，有的老师表示"初一开始这门课程比较好"，但是也有老师表示"小学四五年级就可以开始性教育了"。按照生长的发展规律，让他们同步了解生长发育过程，应该有一种系统的学习、认识观。

很多被访老师表示"女生成熟得早，现在女生比男生主动""初中女孩子当班干部的多，更听话一点""男孩可能在六年级以后发生变声了""男孩的性观念可能要偏迟一点"，但是到了高中，就是男生比较积极和主动，"很多都是从网上了解""女孩子不会保护自己"，男生谈恋爱的比例也要高于女生。对异性有这种好感不要觉得是一件丢脸的事情，"本来也是异性相吸的嘛"，正确引导就可以了。现在学校做得不够，比较肤浅，很多事情都是发生之后才来讲，时间滞后了。现在有很多学生"模仿网络上的不良习惯，成为同性恋者、多性伴者，导致意外怀孕、人工流产乃至成为性病艾滋病者",这个要及时疏导。

现在的心理课肯定会涉及性。跟以往的学生相比,现在的学生肯定开放很多,但是,性与生殖健康教育真正成为站得住脚的一门课,揭开面纱还需要领导决策的一个支撑。性启蒙教育来自哪里,肯定很大一部分是来自学校的,外面的肯定不太规范,应该有规范的学科引导他们。生理心理卫生、人文学科主要关注身心健康。这个时代,应该更加正规化让学生懂得性教育。除了规范化的教材,"小册子""漫画"等都可以作为一种宣传材料或教材使用。

在学校开展性与生殖健康教育,具有一定的优势:①有专业的老师;②传授的是科学的性与生殖健康知识;③领导较为重视;④可以有专题教育,集体参与;⑤参与人数较多,覆盖面较广;⑥同龄人在一起沟通更为顺畅;⑦便于小孩子表达看法。但是目前也存在一定的障碍,比如,①学生有一定的学业压力,性教育课程不好安排;②没有系统的教材;③师资不是很充足;④师资的性教育与咨询指导能力亟待提高。

四 学生小组访谈结果

从学生的角度,很多被访谈者认为目前我国对青少年的性与生殖健康的教育很薄弱,有的就是初中的时候发一本生理卫生的书,老师讲一些生理知识。有的小学生会问妈妈"我是从哪里来的?"有的妈妈回答"医院里生的""肚子里生出来的",但是具体怎么生出来的也没有讲得很清楚;也有的家长会主动给孩子讲或看一些简单的生理书籍。大多数女生表示到了一定的年龄

（小学五年级或初中）妈妈会讲一点"月经""青春期"方面的知识；而男生则表示"看爸爸或哥哥的书""自己上网找"。有的同学表示"有些知识在网络上看过了就好了，不会好奇"。

按照目前的学校教育课程，初中的科学课会讲到人体的结构、生长发育过程、男生女生进入青春期的表现等知识。因此，大多数被访谈对象均了解了一定的青春期发育知识、男女之间的生理差异等知识。很大比例的小学生（五年级）对于"人是怎么来的？""什么是X染色体""什么是Y染色体"也有一定的了解。几乎所有的访谈对象都表示，他们没有碰到过性别歧视的事情或现象，个别同学表示可能在一些贫穷的农村有"重男轻女的现象"。

初中、高中男生对性与生殖健康方面的教育态度比较积极，他们会主动寻求所需要的信息，甚至有的已经恋爱。而女生比较保守，不大敢公开讲存在的问题或需求。女生面临的问题主要是痛经，一般出现这种问题都会告诉妈妈，会在体育课请假，但是也会碰到"被男孩子笑话"的情况，她们会不好意思。

大多数被访谈同学都表示学校开展性与生殖健康教育是一件好事，对大家会有帮助，而他们认为"讲座、黑板报、视频、电影、图片、书籍、观摩"等都可以作为性与生殖健康教育的方式。

第三节　干预评估报告

研究在基线调查的基础上开展了干预活动，评估了干预的效果，以期为今后开展青少年性与生殖健康教育提供经验和依据。结果如下。

第六章　杭州市萧山区青少年学校性与生殖健康教育的现状及干预效果评价

一　对象与方法

在基线调查阶段，采用多阶段整群抽样方法，分别选取萧山区两所小学、两所初中和两所高中，在小学四年级和五年级、初中一年级和二年级、高中一年级抽取 320 名学生作为调查对象。采用课题组自行设计的调查问卷，分别于 2014 年 6 月和 9 月对其进行了自填式的问卷调查。对调查学生中大约 1/3（600 人）的家长进行问卷调查。调查所选择学校提供过性与生殖健康教育的老师及班主任老师，了解其开展性与生殖健康教育的情况。每个学校调查 20 人，六个学校共调查 120 人。

将小学、初中、高中研究现场随机分为干预组和对照组，在干预组开展一系列的干预活动；干预时间为两个学期。干预的具体方式包括倡导动员、宣传教育、系列培训、综合咨询。

在干预活动结束后，于 2015 年 6 月对曾参与过调查的年级的学生进行调查（前后两次调查的对象为相同年级的学生，但不是同一个人调查两次）。

二　研究内容

学生问卷的主要内容如下。

一般情况：年龄、性别、学历、父母及家庭情况等。

性与生殖健康知识及需求：性发育的生理知识，性发育的心理知识，青春期知识，性病、艾滋病知识及性与生殖健康知识的来源等。

性与生殖健康行为及态度（仅对高中生）：恋爱史、性行为史、对常见高危行为的看法等。

学校性与生殖健康教育情况（供给、可及性、利用情况等）：是否在学校接受过性与生殖健康相关教育，教育的主要内容包括哪些，对学校性与生殖健康教育的看法。

三 干预组学生接受过的干预活动情况

终末调查时对干预组对象接受过的干预情况进行了调查，结果显示，仅有500至600人填写了这部分内容，具体情况见表6-19至表6-21。在这些对象当中，21.09%的对象阅读过1至2次宣传折页，14.75%的对象阅读过1至2次宣传墙报，43.11%的对象参加过1至2次讲座，24.11%的对象看过1至2次相关图书，13.93%的对象观看过1至2次相关的DVD。进行过面对面咨询和电话咨询的均为29人次。

表6-19 干预组对象收到宣传折页次数及评价

单位：次，%

项目	折页		墙报		讲座		图书	
	数量	占比	数量	占比	数量	占比	数量	占比
次数(次)								
0	406	73.82	433	82.95	272	48.06	368	68.79
1至2	116	21.09	77	14.75	244	43.11	129	24.11
3至4	18	3.27	7	1.34	44	7.77	24	4.49
5至6	1	0.18	2	0.38	4	0.71	7	1.31
>6	9	1.64	3	0.57	2	0.35	7	1.31
是否有兴趣阅读								

续表

项目	折页 数量	折页 占比	墙报 数量	墙报 占比	讲座 数量	讲座 占比	图书 数量	图书 占比
都没有兴趣	22	18.18	17	23.61	46	18.78	22	15.71
少部分有兴趣	69	57.02	41	56.94	140	57.14	79	56.43
大部分有兴趣	25	20.66	12	16.67	49	20.00	31	22.14
全部都有兴趣	5	4.13	2	2.78	10	4.08	8	5.71
是否有收获								
没有	11	9.09	11	15.28	26	10.61	12	8.51
有,但不大	76	62.81	45	62.50	142	57.96	85	60.28
收获很大	34	28.10	16	22.22	77	31.43	44	31.21
内容评价								
太肤浅	11	9.02	7	9.72	22	9.02	7	4.96
太深奥	10	8.20	8	11.11	26	10.66	14	9.93
一般	81	66.39	46	63.89	144	59.02	88	62.41
很好	16	13.11	11	15.28	47	19.26	31	21.99
其他	4	3.28	0	0.00	5	2.05	1	0.71

表6-20 干预组对象观看DVD次数及评价

单位:次,%

项目	数量	占比
观看DVD次数		
0	429	81.87
1至2	73	13.93
3至4	11	2.10
5至6	2	0.38
>6	9	1.72
是否有兴趣		
都没有兴趣	73	76.84
少部分有兴趣	11	11.57
大部分有兴趣	2	2.11

续表

项目	数量	占比
全部都有兴趣	9	9.47
是否有收获		
没有	11	13.92
有,但不大	41	51.90
收获很大	27	34.18
内容评价		
太肤浅	4	5.00
太深奥	11	13.75
一般	46	57.50
很好	16	20.00
其他	3	3.75

表6-21 干预组对象咨询次数及评价

单位：次，%

项目	面对面咨询 次数	面对面咨询 占比	电话咨询 次数	电话咨询 占比
次数(次)				
0	493	94.44	486	94.37
1至3	25	4.79	23	4.47
>3	4	0.77	6	1.17
是否有兴趣				
都没有兴趣	3	14.29	6	26.09
少部分有兴趣	9	42.86	9	39.13
大部分有兴趣	8	38.10	6	26.09
全部都有兴趣	1	4.76	2	8.70
是否有收获				
没有	2	9.52	6	25.00
有,但不大	5	23.81	8	33.33

第六章 杭州市萧山区青少年学校性与生殖健康教育的现状及干预效果评价

续表

项目	面对面咨询		电话咨询	
	次数	占比	次数	占比
收获很大	14	66.67	10	41.67
内容评价				
太肤浅	0	0.00	3	12.00
太深奥	3	14.29	3	12.00
一般	13	61.90	12	48.00
很好	5	23.81	6	24.00
其他	0	0.00	1	4.00

四 基本情况

本研究共调查6所学校,基线调查时共发放问卷1920份,回收有效问卷1804份,问卷有效率为93.96%。其中每所学校各实际调查到的人数分别为:小学对照组302人,干预组290人;初中对照组306人,干预组298人;高中对照组317人,干预组291人。调查对象的基本人口学特征如表6-22、表6-23所示,对照组和干预组对象父亲、母亲的文化程度分布有统计学差异。

干预调查时共发放问卷1860份,回收有效问卷1746份,问卷有效率为93.87%。其中每所学校各实际调查到的人数分别为:小学对照组299人,干预组290人;初中对照组300人,干预组288人;高中对照组274人,干预组295人。调查对象的基本人口学特征如表6-22、表6-23所示,终末调查时两组对象的基本人口学特征分布均无统计学差异。

表 6-22　调查对象的基本人口学特征

单位：份，%

项目	基线调查 对照组 数量	占比	基线调查 干预组 数量	占比	终末调查 对照组 数量	占比	终末调查 干预组 数量	占比
所在学校								
小学	302	32.65	290	32.99	299	34.25	290	33.22
初中	306	33.08	298	33.90	300	34.36	288	32.99
高中	317	34.27	291	33.11	274	31.39	295	33.79
χ^2, P 值	$\chi_1^2=0.29, P_1=0.866$; $\chi_3^2=1.71, P_3=0.430$				$\chi_2^2=1.15, P_2=0.561$; $\chi_4^2=0.18, P_4=0.915$			
性别								
男	449	48.54	408	46.42	386	45.47	391	46.11
女	476	51.46	471	53.58	463	54.53	457	53.89
χ^2, P 值	$\chi_1^2=0.82, P_1=0.367$; $\chi_3^2=1.68, P_3=0.195$				$\chi_2^2=0.07, P_2=0.790$; $\chi_4^2=0.02, P_4=0.898$			
民族								
汉	906	98.37	871	99.32	857	99.54	845	98.95
其他	15	1.63	6	0.68	4	0.46	9	1.05
χ^2, P 值	$\chi_1^2=3.47, P_1=0.062$; $\chi_3^2=5.72, P_3=0.017$				$\chi_2^2=1.98, P_2=0.160$; $\chi_4^2=0.69, P_4=0.407$			
父亲文化程度								
小学及以下	64	7.06	39	4.57	29	3.38	41	4.90
初中	313	34.51	254	29.78	249	29.05	247	29.55
高中、中专	258	28.45	242	28.37	263	30.69	250	29.90
大专	114	12.57	154	18.05	138	16.10	138	16.51
本科及以上	158	17.42	164	19.23	178	20.77	160	19.14
χ^2, P 值	$\chi_1^2=17.16, P_1=0.002$; $\chi_3^2=22.59, P_3=0.0002$				$\chi_2^2=3.09, P_2=0.542$; $\chi_4^2=1.03, P_4=0.905$			
母亲文化程度								
小学及以下	84	9.25	54	6.29	49	5.69	55	6.56
初中	321	35.35	275	32.05	251	29.51	279	33.29

续表

项目	基线调查 对照组 数量	基线调查 对照组 占比	基线调查 干预组 数量	基线调查 干预组 占比	终末调查 对照组 数量	终末调查 对照组 占比	终末调查 干预组 数量	终末调查 干预组 占比
高中、中专	273	30.07	248	28.90	268	31.13	235	28.04
大专	104	11.45	143	16.67	137	15.91	131	15.63
本科及以上	126	13.88	138	16.08	156	18.12	138	16.47
χ^2, P 值	$\chi_1^2 = 16.57, P_1 = 0.002$; $\chi_3^2 = 24.30, P_3 < 0.0001$				$\chi_2^2 = 4.92, P_2 = 0.296$; $\chi_4^2 = 0.68, P_4 = 0.954$			
主要居住方式								
与父母一起住	656	71.77	644	73.85	691	79.70	672	78.41
集体宿舍	202	22.10	177	20.30	131	15.11	138	16.10
其他	56	6.13	51	5.85	45	5.19	47	5.48
χ^2, P 值	$\chi_1^2 = 1.01, P_1 = 0.605$; $\chi_3^2 = 16.01, P_3 = 0.0003$				$\chi_2^2 = 0.43, P_2 = 0.806$; $\chi_4^2 = 5.46, P_4 = 0.065$			
家庭人均月收入(元)								
<2000	57	6.40	56	6.75	36	4.35	59	7.21
2000至4000（不含）	229	25.73	191	23.01	189	22.83	181	22.13
4000至6000（不含）	239	26.85	241	29.04	241	29.11	227	27.75
≥6000	365	41.01	342	41.20	362	43.72	351	42.91
χ^2, P 值	$\chi_1^2 = 2.11, P_1 = 0.549$; $\chi_3^2 = 6.36, P_3 = 0.095$				$\chi_2^2 = 6.30, P_2 = 0.099$; $\chi_4^2 = 0.79, P_4 = 0.851$			

注：P_1 为基线调查时对照组与干预组的比较；P_2 为终末调查时对照组与干预组的比较；P_3 为对照组两次调查结果的比较；P_4 为干预组两次调查结果的比较。以下表格中的 P 值意义同此表。

五 学生的性与生殖健康相关知识

对相关性与生殖健康知识的调查和比较显示,干预后两组对象的性与生殖健康知识均有一定的增加。从表6-23可见,干预后,学生对"精子由什么器官产生""卵子由什么器官产生"的回答正确率均超过80%。终末调查的干预组学生对"青春期重大心理变化"的回答正确率为41.54%,高于对照组。

表6-24的分析结果显示,终末调查时,干预组对象的性与生殖健康知识回答正确率均显著高于对照组,干预组对象对"精子由什么器官产生""卵子由什么器官产生""从怀孕到分娩的时间""青春期重大心理变化"的回答正确率均高于基线调查时。

在性病、艾滋病方面,干预后,干预组对象听说过生殖道感染、性病的比例显著升高,分别达到61.05%、75.72%,对照组学生听说过生殖道感染、性病的比例也有一定的增加,从基线调查时的45.19%、63.14%升高到终末调查时的54.98%、71.36%。基线调查时,有不到50%的对象知道使用安全套可以避孕和预防性病、艾滋病;终末调查时,这一比例增加到58%左右;终末调查时两组的回答正确率均高于基线调查时(见表6-25)。

第六章 杭州市萧山区青少年学校性与生殖健康教育的现状及干预效果评价

表6-23 调查对象性与生殖健康相关知识回答情况

单位：份，%

问题	基线调查 对照组 数量	基线调查 对照组 占比	基线调查 干预组 数量	基线调查 干预组 占比	终末调查 对照组 数量	终末调查 对照组 占比	终末调查 干预组 数量	终末调查 干预组 占比
精子由什么器官产生								
睾丸#	621	67.50	646	74.51	629	72.97	695	80.81
附睾	7	0.76	3	0.35	3	0.35	11	1.28
精囊腺	59	6.41	28	3.23	56	6.50	39	4.53
不知道	233	25.33	190	21.91	174	20.19	115	13.37
卵子由什么器官产生								
卵巢#	652	71.10	647	74.54	669	78.15	708	82.71
子宫	56	6.11	22	2.53	35	4.09	45	5.26
输卵管	18	1.96	13	1.50	15	1.75	12	1.40
不知道	191	20.83	186	21.43	137	16.00	91	10.63
正常情况下精卵在体内何处结合								
卵巢	13	1.41	9	1.04	11	1.29	26	3.05
子宫	75	8.14	77	8.90	108	12.71	84	9.86
输卵管#	591	64.17	559	64.62	523	61.53	579	67.96
阴道	37	4.02	20	2.31	46	5.41	53	6.22
不知道	205	22.26	200	23.12	162	19.06	110	12.91
从怀孕到分娩的时间(天)								
300	291	31.63	280	32.41	251	29.29	192	22.46
280#	336	36.52	298	34.49	366	42.71	477	55.79
266	84	9.13	109	12.62	70	8.17	68	7.95
不知道	209	22.72	177	20.49	170	19.84	118	13.80
青春期重大心理变化								
更加关注社会对自己的认同	184	20.04	132	15.38	213	24.94	147	17.40
更加关注身体发育	196	21.35	181	21.10	234	27.40	208	24.62
出现性欲及相关心理活动#	242	26.36	279	32.52	202	23.65	351	41.54

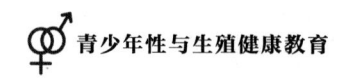

续表

问题	基线调查 对照组 数量	占比	干预组 数量	占比	终末调查 对照组 数量	占比	干预组 数量	占比
不知道	288	31.37	259	30.19	200	23.42	136	16.09
其他	8	0.87	7	0.82	5	0.59	3	0.36
青春期心理健康主要标志								
月经初潮或遗精	196	21.40	126	14.69	172	20.31	167	19.69
性冲动	106	11.57	74	8.62	99	11.69	84	9.91
保持乐观稳定情绪#	398	43.45	479	55.83	431	50.89	502	59.20
不知道	216	23.58	179	20.86	145	17.12	95	11.20

注：#为正确答案。

表6-24 调查对象性与生殖健康相关知识回答正确率的比较

单位：份，%

问题	基线调查 对照组 数量	占比	干预组 数量	占比	终末调查 对照组 数量	占比	干预组 数量	占比
精子由什么器官产生								
正确	621	67.50	646	74.51	629	72.97	695	80.81
错误	299	32.50	221	25.49	233	27.03	165	19.19
χ^2, P 值	$\chi_1^2 = 10.63, P_1 = 0.001$；$\chi_3^2 = 6.36, P_3 = 0.012$				$\chi_2^2 = 14.91, P_2 = 0.0001$；$\chi_4^2 = 9.89, P_4 = 0.002$			
卵子由什么器官产生								
正确	652	71.10	647	74.54	669	78.15	708	82.71
错误	265	28.90	221	25.46	187	21.85	148	17.29

续表

问题	基线调查 对照组 数量	基线调查 对照组 占比	基线调查 干预组 数量	基线调查 干预组 占比	终末调查 对照组 数量	终末调查 对照组 占比	终末调查 干预组 数量	终末调查 干预组 占比
χ^2,P 值	$\chi_1^2=2.66, P_1=0.103$; $\chi_3^2=11.59, P_3=0.0007$				$\chi_2^2=5.64, P_2=0.018$; $\chi_4^2=17.11, P_4<0.0001$			
正常情况下精卵在体内何处结合								
正确	591	64.17	559	64.62	523	61.53	579	67.96
错误	330	35.83	306	35.38	327	38.47	273	32.04
χ^2,P 值	$\chi_1^2=0.04, P_1=0.841$; $\chi_3^2=1.32, P_3=0.251$				$\chi_2^2=7.70, P_2=0.006$; $\chi_4^2=2.13, P_4=0.144$			
从怀孕到分娩的时间								
正确	336	36.52	298	34.49	366	42.71	477	55.79
错误	584	63.48	566	65.51	491	57.29	378	44.21
χ^2,P 值	$\chi_1^2=0.80, P_1=0.370$; $\chi_3^2=7.10, P_3=0.008$				$\chi_2^2=29.31, P_2<0.0001$; $\chi_4^2=78.74, P_4<0.0001$			
青春期重大心理变化								
正确	242	26.36	279	32.52	202	23.65	351	41.54
错误	676	73.64	579	67.48	652	76.35	494	58.46
χ^2,P 值	$\chi_1^2=8.11, P_1=0.004$; $\chi_3^2=1.73, P_3=0.189$				$\chi_2^2=61.88, P_2<0.0001$; $\chi_4^2=14.86, P_4=0.0001$			
青春期心理健康主要标志								
正确	398	43.45	479	55.83	431	50.89	502	59.20
错误	518	56.55	379	44.17	416	49.11	346	40.80
χ^2,P 值	$\chi_1^2=27.15, P_1<0.0001$; $\chi_3^2=9.77, P_3=0.002$				$\chi_2^2=11.83, P_2=0.0006$; $\chi_4^2=1.98, P_4=0.159$			

表 6-25 调查对象性与生殖健康相关知识回答情况

单位：份，%

问题	基线调查 对照组 数量	占比	基线调查 干预组 数量	占比	终末调查 对照组 数量	占比	终末调查 干预组 数量	占比
听说过生殖道感染								
没有	507	54.81	485	55.18	393	45.02	340	38.95
听说过	418	45.19	394	44.82	480	54.98	533	61.05
χ^2, P 值	$\chi_1^2=0.02, P_1=0.876$; $\chi_3^2=17.23, P_3<0.0001$				$\chi_2^2=6.61, P_2=0.010$; $\chi_4^2=46.31, P_4<0.0001$			
听说过性病								
没有	341	36.86	301	34.24	250	28.64	212	24.28
听说过	584	63.14	578	65.76	623	71.36	661	75.72
χ^2, P 值	$\chi_1^2=1.35, P_1=0.245$; $\chi_3^2=13.78, P_3=0.0002$				$\chi_2^2=4.25, P_2=0.039$; $\chi_4^2=20.98, P_4<0.0001$			
听说过艾滋病								
没有	61	6.59	69	7.85	75	8.59	58	6.64
听说过	864	93.41	810	92.15	798	91.41	815	93.36
χ^2, P 值	$\chi_1^2=1.06, P_1=0.303$; $\chi_3^2=2.56, P_3=0.109$				$\chi_2^2=2.35, P_2=0.125$; $\chi_4^2=0.948, P_4=0.330$			
能避孕和预防性病、艾滋病的避孕方法								
使用安全套#	348	37.91	403	46.86	463	54.15	488	57.75
口服避孕药	25	2.72	21	2.44	23	2.69	21	2.49
安全期避孕	85	9.26	54	6.28	48	5.61	63	7.46
体外射精	28	3.05	23	2.67	30	3.51	20	2.37
不知道	432	47.06	359	41.74	291	34.04	253	29.94
能避孕和预防性病艾滋病的避孕方法回答正确率比较								
正确	348	37.91	403	46.86	463	54.15	488	57.75
错误	570	62.09	457	53.14	392	45.85	357	42.25
χ^2, P 值	$\chi_1^2=14.58, P_1=0.0001$; $\chi_3^2=47.06, P_3<0.0001$				$\chi_2^2=2.23, P_2=0.135$; $\chi_4^2=20.26, P_4<0.0001$			

注：#为正确答案。

第六章 杭州市萧山区青少年学校性与生殖健康教育的现状及干预效果评价

将上述10道题目转化为百分制得分，计算调查对象的知识得分，按答对1题得1分，答错或不知道得0分，转换为总分100分进行计算，结果显示，基线调查时对照组的平均知识得分为54.64±26.67分，干预组的平均得分为59.26±25.96分；终末调查时对照组的平均得分为60.28±25.42分，干预组的平均得分为67.96±24.15分。终末调查对象的知识得分均高于基线调查，而干预组的知识得分均高于对照组。按照60分为及格进行分组，结果显示：基线调查对象性与生殖健康知识得分及格的比例分别为54.70%、58.13%，两组相比无统计学差异（P_1 = 0.142）；终末调查时对象的知识得分及格比例分别升高到60.14%、68.16%，均高于基线调查时，而且干预组高于对照组（见表6-26）。

表6-26 调查对象的性与生殖健康知识得分比较

项目	基线调查 对照组	基线调查 干预组	终末调查 对照组	终末调查 干预组
知识得分				
均值	54.64±26.67	59.26±25.96	60.28±25.42	67.96±24.15
F值, P值	$F_1 = 13.14, P_1 = 0.0003$; $F_3 = 19.97, P_3 < 0.0001$		$F_2 = 38.77, P_2 < 0.0001$; $F_4 = 48.67, P_4 < 0.0001$	
知识得分是否及格				
不及格	419	45.30	368	41.87	348	39.86	278	31.84
及格	506	54.70	511	58.13	525	60.14	595	68.16
χ^2, P值	$\chi_1^2 = 2.16, P_1 = 0.142$; $\chi_3^2 = 5.42, P_3 = 0.020$		$\chi_2^2 = 12.20, P_2 = 0.0005$; $\chi_4^2 = 18.90, P_4 < 0.0001$	

采用 logistic 回归分析组别和时间的交互作用,因变量为上述 10 个知识问题以及知识得分,结果显示:"从怀孕到分娩的时间""青春期的重大心理变化"这两个问题的组别和时间交互作用项有统计学意义(见表 6-27、表 6-28),说明干预活动显著提高了这两个问题的回答正确率,而"正常情况下精卵在体内何处结合""听说过生殖道感染""听说过艾滋病"这三个问题的组别和时间交互作用项也接近有统计学意义,P 值分别为 0.065、0.051、0.070,干预对这三个问题的知晓率也有一定的促进作用(未列表)。但从总体知识得分及格比例来看,组别与时间的交互作用项未达到统计学显著水平($P = 0.128$,见表 6-29),提示干预活动对调查对象知识总得分的提高作用并不明显。

表 6-27 调查对象"从怀孕到分娩的时间"回答正确率的交互作用分析

效应	参数估计(β)	标准误	χ^2	P
截距	-0.31	0.03	81.58	<0.0001
组别(干预组/对照组)	0.11	0.03	9.92	0.002
时间点(终末/基线)	0.28	0.03	66.45	<0.0001
组别×时间	0.15	0.03	19.58	<0.0001

表 6-28 调查对象"青春期的重大心理变化"回答正确率的交互作用分析

效应	参数估计(β)	标准误	χ^2	P
截距	-0.82	0.04	480.10	<0.0001
组别(干预组/对照组)	0.28	0.04	57.02	<0.0001
时间点(终末/基线)	0.06	0.04	2.67	0.102
组别×时间	0.13	0.04	12.74	0.0004

表6-29 调查对象知识得分是否及格的交互作用分析

效应	参数估计(β)	标准误	χ^2	P
截距	0.42	0.03	149.42	<0.0001
组别(干预组/对照组)	0.12	0.03	12.54	0.0004
时间点(终末/基线)	0.16	0.03	22.48	<0.0001
组别×时间	0.05	0.03	2.31	0.128

表6-30分析并比较了两次调查和两组对象性与生殖健康知识得分及格比例的差异,终末调查时对象的知识得分显著高于基线调查时,这可能说明经过两个学期的学习,学生的知识得分都有一定的提高。而干预组学生的性与生殖健康知识得分及格比例也显著高于对照组。多因素logistic回归分析显示,除了终末调查时对象的知识得分提高和干预组的知识得分高于对照组外,初中学生和高中学生的知识得分及格比例也显著高于小学学生,父亲文化程度和家庭人均月收入对调查对象的知识得分也有一定的影响。

表6-30 调查对象知识得分是否及格的多因素logistic回归分析

变量	比较组	参照组	OR	95% CI	aOR	Adjusted 95% CI
组别	干预组	对照组	1.27	1.11~1.45	1.44	1.21~1.72
时间点	终末	基线	1.38	1.21~1.58	1.76	1.47~2.11
学校	初中	小学			14.71	11.89~18.19
	高中				20.35	15.12~27.39
性别	男	女			0.85	0.71~1.01

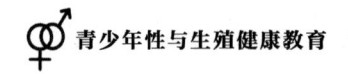

续表

变量	比较组	参照组	OR	95% CI	aOR	Adjusted 95% CI
父亲文化程度	初中	小学及以下			1.57	1.02~2.42
	高中、中专				1.65	1.05~2.57
	大专				1.74	1.07~2.83
	本科及以上				2.23	1.23~3.34
母亲文化程度	初中	小学及以下			0.86	0.58~1.27
	高中、中专				0.73	0.48~1.09
	大专				0.87	0.55~1.38
	本科及以上				0.84	0.52~1.38
主要居住方式	集体宿舍	与父母一起住			1.17	0.84~1.63
	其他				0.91	0.63~1.33
家庭人均月收入（元）	2000至4000（不含）	<2000			1.95	1.31~2.91
	4000至6000（不含）				1.63	1.10~2.42
	≥6000				1.69	1.15~2.48

注：OR为包含时间和组别的分析结果；aOR为包含这8个变量的分析结果。

六 学生对有关性行为的态度

对不同性行为态度的调查和比较显示，干预后对婚前性行为、同性性行为持"中立"态度的比例有所增加，干预组对中学生恋爱持"中立"态度的比例也有所增加（见表6-31）。

第六章 杭州市萧山区青少年学校性与生殖健康教育的现状及干预效果评价

表 6-31 调查对象对有关性行为的态度

单位：份，%

项目	基线调查 对照组 数量	占比	干预组 数量	占比	终末调查 对照组 数量	占比	干预组 数量	占比
婚前性行为								
反对	510	57.89	586	69.68	471	55.09	423	50.30
中立	307	34.85	224	26.63	318	37.19	335	39.83
赞成	64	7.26	31	3.69	66	7.72	83	9.87
χ^2, P值	$\chi_1^2=28.79, P_1<0.0001$; $\chi_3^2=1.39, P_3=0.500$				$\chi_2^2=4.84, P_2=0.089$; $\chi_4^2=72.09, P_4<0.0001$			
婚外性行为								
反对	682	77.59	719	85.49	680	79.63	656	78.19
中立	153	17.41	105	12.49	130	15.22	138	16.45
赞成	44	5.01	17	2.02	44	5.15	45	5.36
χ^2, P值	$\chi_1^2=21.03, P_1<0.0001$; $\chi_3^2=1.51, P_3=0.470$				$\chi_2^2=0.55, P_2=0.760$; $\chi_4^2=20.01, P_4<0.0001$			
商业性行为								
反对	675	76.70	727	86.44	665	77.69	653	77.83
中立	169	19.20	104	12.37	156	18.22	148	17.64
赞成	36	4.09	10	1.19	35	4.09	38	4.53
χ^2, P值	$\chi_1^2=31.23, P_1<0.0001$; $\chi_3^2=0.28, P_3=0.871$				$\chi_2^2=0.27, P_2=0.873$; $\chi_4^2=27.98, P_4<0.0001$			
同性性行为								
反对	607	68.82	652	77.71	555	64.84	551	65.75
中立	206	23.36	156	18.59	207	24.18	210	25.06
赞成	69	7.82	31	3.69	94	10.98	77	9.19
χ^2, P值	$\chi_1^2=21.89, P_1<0.0001$; $\chi_3^2=5.78, P_3=0.056$				$\chi_2^2=1.54, P_2=0.464$; $\chi_4^2=36.04, P_4<0.0001$			

续表

项目	基线调查 对照组 数量	占比	干预组 数量	占比	终末调查 对照组 数量	占比	干预组 数量	占比
中学生恋爱								
反对	403	44.93	473	54.62	372	43.41	338	40.43
中立	416	46.38	338	39.03	392	45.74	390	46.65
赞成	78	8.70	55	6.35	93	10.85	108	12.92
χ^2,P 值	$\chi_1^2=17.10, P_1=0.0002$; $\chi_3^2=2.36, P_3=0.308$				$\chi_2^2=2.49, P_2=0.288$; $\chi_4^2=42.90, P_4<0.0001$			

终末调查时，学生对异性间性接触表示理解的比例有所升高，表示反对的比例有所降低。对于未婚异性间的性行为，无论是在相爱还是避孕的前提下，"反对"的比例较高，但是终末调查时两组对象表示"同意"的比例均有所增加（见表6-32）。

表6-32 调查对象有关未婚性行为的态度

单位：份，%

问题	基线调查 对照组 数量	占比	干预组 数量	占比	终末调查 对照组 数量	占比	干预组 数量	占比
如何看待男孩和女孩间的性接触								
支持	25	2.75	14	1.63	33	3.82	49	5.79
可以理解	317	34.84	255	29.65	317	36.73	357	42.20
反对	383	42.09	432	50.23	348	40.32	296	34.99
无所谓	185	20.33	159	18.49	165	19.12	144	17.02
χ^2,P 值	$\chi_1^2=13.33, P_1=0.004$; $\chi_3^2=2.68, P_3=0.444$				$\chi_2^2=10.95, P_2=0.012$; $\chi_4^2=62.48, P_4<0.0001$			

续表

问题	基线调查 对照组 数量	基线调查 对照组 占比	基线调查 干预组 数量	基线调查 干预组 占比	终末调查 对照组 数量	终末调查 对照组 占比	终末调查 干预组 数量	终末调查 干预组 占比
是否同意未婚男女间有性行为								
同意	56	6.19	43	4.98	84	9.73	102	12.06
不确定	275	30.42	195	22.60	235	27.23	269	31.80
不同意	573	63.38	625	72.42	544	63.04	475	56.15
χ^2, P 值	$\chi_1^2=16.64, P_1=0.0002;$ $\chi_3^2=8.54, P_3=0.014$				$\chi_2^2=8.53, P_2=0.014;$ $\chi_4^2=56.10, P_4<0.0001$			
是否同意未婚男女间如果相爱可以有性行为								
同意	114	12.67	80	9.23	138	15.97	169	19.95
不确定	314	34.89	220	25.37	261	30.21	291	34.36
不同意	472	52.44	567	65.40	465	53.82	387	45.69
χ^2, P 值	$\chi_1^2=30.58, P_1<0.0001;$ $\chi_3^2=6.49, P_3=0.039$				$\chi_2^2=11.73, P_2=0.003;$ $\chi_4^2=75.42, P_4<0.0001$			
是否同意未婚男女间如果避孕可以有性行为								
同意	76	8.46	54	6.26	114	13.16	137	16.27
不确定	316	35.19	231	26.67	259	29.91	299	35.51
不同意	506	56.35	581	67.09	493	56.93	406	48.22
χ^2, P 值	$\chi_1^2=21.53, P_1<0.0001;$ $\chi_3^2=12.84, P_3=0.002$				$\chi_2^2=13.06, P_2=0.002;$ $\chi_4^2=75.50, P_4<0.0001$			

对于未婚妈妈,基线调查时"可以理解"的比例分别为43.86%、39.98%,终末调查时这一比例分别为47.02%、52.33%;而对于是否会歧视意外怀孕的同学,干预前后变化不大(见表6-33)。

表6-33 调查对象有关未婚性行为的态度

单位：份，%

问题	基线调查				终末调查			
	对照组		干预组		对照组		干预组	
	数量	占比	数量	占比	数量	占比	数量	占比
你如何看未婚妈妈								
正常	98	10.94	78	9.09	94	10.99	84	10.04
可以理解	393	43.86	343	39.98	402	47.02	438	52.33
难以接受	276	30.80	283	32.98	239	27.95	200	23.89
无所谓	129	14.40	154	17.95	120	14.04	115	13.74
χ^2，P值	$\chi_1^2=7.15, P_1=0.067$；$\chi_3^2=2.21, P_3=0.530$				$\chi_2^2=5.48, P_2=0.140$；$\chi_4^2=31.44, P_4<0.0001$			
是否会歧视意外怀孕的同学								
会	60	6.67	56	6.48	51	5.89	54	6.38
不确定	246	27.33	233	26.97	240	27.71	207	24.47
不会	594	66.00	575	66.55	575	66.40	585	69.15
χ^2，P值	$\chi_1^2=0.06, P_1=0.968$；$\chi_3^2=0.46, P_3=0.795$				$\chi_2^2=2.37, P_2=0.305$；$\chi_4^2=1.47, P_4=0.480$			

采用logistic回归分析组别和时间对"中学生恋爱态度"的交互作用（见表6-34），结果显示：组别和时间的交互作用项有统计学意义，提示干预活动对研究对象"中学生恋爱态度"的改变有意义，终末调查时两组对象赞成的比例均高于基线调查时。从表6-35可见，初中、高中学生对恋爱持赞成态度的比例高于小学生，男生更容易持赞成的态度，父亲文化程度为初中的学生持赞成态度的风险高于父亲为小学及以下文化程度的对象，

不和父母一起住也不住校的学生更倾向于对中学生恋爱持赞成态度，而家庭人均月收入较高的对象，持赞成态度的风险低于家庭人均月收入2000元以下的学生。

表6-34 "中学生恋爱态度"的交互作用分析

效应	参数估计(β)	标准误	χ^2	P
截距1(赞成/反对)	-2.25	0.06	1518.89	<0.0001
截距2(无所谓/反对)	0.17	0.03	24.40	<0.0001
组别(干预组/对照组)	-0.06	0.03	3.17	0.075
时间点(终末/基线)	0.18	0.03	28.84	<0.0001
组别×时间	0.13	0.03	15.54	<0.0001

表6-35 "中学生恋爱态度"的多因素logistic回归分析

变量	比较组	参照组	OR	95% CI	aOR	Adjusted 95% CI
组别	干预组	对照组	0.89	0.78~1.01	0.86	0.75~0.99
时间点	终末	基线	1.41	1.24~1.61	1.55	1.35~1.79
学校	初中	小学			1.27	1.06~1.51
	高中				6.33	5.01~7.99
性别	男	女			1.70	1.48~1.97
父亲文化程度	初中	小学及以下			1.46	1.03~2.07
	高中、中专				1.30	0.90~1.87
	大专				1.19	0.80~1.78
	本科及以上				1.32	0.88~1.99
母亲文化程度	初中	小学及以下			0.94	0.70~1.27
	高中、中专				1.08	0.79~1.49
	大专				1.04	0.72~1.50
	本科及以上				1.25	0.86~1.83
主要居住方式	集体宿舍	与父母一起住			1.24	0.98~1.58
	其他				1.50	1.10~2.04

续表

变量	比较组	参照组	OR	95% CI	aOR	Adjusted 95% CI
家庭人均月收入（元）	2000至4000(不含)	<2000			0.59	0.43~0.81
	4000至6000(不含)				0.57	0.41~0.77
	≥6000				0.73	0.54~0.99

注：OR为包含时间和组别的分析结果；aOR为包含这8个变量的分析结果。

采用logistic回归分析组别和时间对"是否会歧视意外怀孕的学生"的交互作用（见表6-36），结果显示：组别和时间的交互作用项无统计学意义，提示干预活动对此的影响不大，而且终末调查时和基线调查时相比也无统计学差异，对照组和干预组之间也无明显差异，可见，"是否会歧视意外怀孕的学生"这个指标的变化较小，同学们对这一现象不会表现出歧视的比例均在65%左右。

表6-36 "是否会歧视意外怀孕的学生"的交互作用分析

效应	参数估计(β)	标准误	χ^2	P
截距1	-2.69	0.07	1498.18	<0.0001
截距2	-0.71	0.04	386.43	<0.0001
组别（干预组/对照组）	-0.03	0.04	0.88	0.349
时间点（终末/基线）	-0.03	0.04	0.94	0.332
组别×时间	-0.02	0.04	0.34	0.559

从表6-37可见，学校、性别、父亲文化程度和主要居住方式对"是否会歧视意外怀孕的学生"这一指标有影响，初中和高中学生歧视的比例较低，男生歧视的比例低于女生，父亲文化

程度为大专的学生歧视意外怀孕学生的风险低于父亲为小学及以下文化程度的学生，而不和父母一起居住的学生歧视意外怀孕学生的风险较低。

表6-37 "是否会歧视意外怀孕的学生"的多因素logistic回归分析

变量	比较组	参照组	OR	95% CI	aOR	Adjusted 95% CI
组别	干预组	对照组	0.93	0.81~1.08	0.96	0.83~1.13
时间点	终末	基线	0.94	0.81~1.07	0.92	0.79~1.07
学校	初中	小学			0.56	0.47~0.67
	高中				0.56	0.44~0.71
性别	男	女			0.77	0.66~0.89
父亲文化程度	初中	小学及以下			1.25	0.86~1.81
	高中、中专				0.78	0.53~1.15
	大专				0.65	0.42~0.99
	本科及以上				0.79	0.51~1.22
母亲文化程度	初中	小学及以下			0.86	0.62~1.18
	高中、中专				1.01	0.72~1.41
	大专				1.23	0.84~1.81
	本科及以上				1.11	0.74~1.66
主要居住方式	集体宿舍	与父母一起住			0.67	0.51~0.87
	其他				0.65	0.46~0.92
家庭人均月收入（元）	2000至4000（不含）	<2000			0.82	0.58~1.15
	4000至6000（不含）				0.86	0.61~1.20
	≥6000				0.88	0.63~1.21

注：OR为包含时间和组别的分析结果；aOR为包含这8个变量的分析结果。

七 学生与异性交往和有关性行为的发生情况

在与异性交往方面，前后两次调查对象都是以"没有异常感觉"为主，比例在57.89%至62.38%，与异性交往方式也都是以"小团体"为主，其比例在59.64%至66.94%，但是终末调查时对照组"单独"交往的比例有所降低、"不想与异性交往"的比例也有所降低，而干预组对象"单独"交往的比例有所增加、"不想与异性交往"的比例降低，这两个可能都是异性交往中需要注意的问题。此外，终末调查时干预组对象在与异性交往过程中"碰到过问题"的比例为30.15%，比基线调查时有所升高，这可能与终末调查时这些对象与异性"单独"交往的比例有所增加有关（见表6-38）。

表6-38 调查对象与异性同学一般交往的情况

单位：份，%

问题	基线调查 对照组 数量	基线调查 对照组 占比	基线调查 干预组 数量	基线调查 干预组 占比	终末调查 对照组 数量	终末调查 对照组 占比	终末调查 干预组 数量	终末调查 干预组 占比
与异性交往的感觉								
兴奋	39	4.33	17	1.97	18	2.10	37	4.36
紧张或害羞	287	31.89	277	32.02	263	30.72	250	29.45
没有异常感觉	521	57.89	532	61.50	534	62.38	526	61.96
其他	53	5.89	39	4.51	41	4.79	36	4.24
χ^2, P值	$\chi_1^2=10.37, P_1=0.016$; $\chi_3^2=9.38, P_3=0.025$				$\chi_2^2=7.25, P_2=0.064$; $\chi_4^2=8.80, P_4=0.032$			

第六章 杭州市萧山区青少年学校性与生殖健康教育的现状及干预效果评价

续表

问题	基线调查 对照组 数量	基线调查 对照组 占比	基线调查 干预组 数量	基线调查 干预组 占比	终末调查 对照组 数量	终末调查 对照组 占比	终末调查 干预组 数量	终末调查 干预组 占比
与异性交往的方式								
小团体	532	59.64	535	62.06	571	66.94	544	64.53
单独	192	21.52	127	14.73	130	15.24	177	21.00
不想与异性交往	168	18.83	200	23.20	152	17.82	122	14.47
χ^2, P 值	\multicolumn{4}{l}{$\chi_1^2=15.53, P_1=0.0004$; $\chi_3^2=13.25, P_3=0.001$}	\multicolumn{4}{l}{$\chi_2^2=11.08, P_2=0.004$; $\chi_4^2=26.98, P_4<0.0001$}
有没有碰到过问题								
有	262	29.27	167	19.49	236	28.03	249	30.15
没有	633	70.73	690	80.51	606	71.97	577	69.85
χ^2, P 值	\multicolumn{4}{l}{$\chi_1^2=22.68, P_1<0.0001$; $\chi_3^2=0.33, P_3=0.566$}	\multicolumn{4}{l}{$\chi_2^2=0.91, P_2=0.341$; $\chi_4^2=25.68, P_4<0.0001$}

在与异性交往过程中碰到过哪些问题方面,"不知道怎么和异性相处""总是处于被动状态"的比例较高,而且在终末调查时存在这些问题的比例略有增加(见表6-39)。由于我们基线调查时所选择的调查对象是小学四至五年级、初中一至二年级和高中一年级的学生,特别是高一新生和同学相处时间还较短,而经过一个学年的相处过程,这些调查对象发现他们与异性相处的问题还是有的,而且随着年龄的增长,越来越多的调查对象进入和经历青春期,面临的问题可能会增加。

217

表6-39 与异性一般交往中碰到的问题

单位：份，%

问题	基线调查 对照组 数量	基线调查 对照组 占比	基线调查 干预组 数量	基线调查 干预组 占比	终末调查 对照组 数量	终末调查 对照组 占比	终末调查 干预组 数量	终末调查 干预组 占比
异性不愿意和我交往								
是	27	10.07	8	4.91	7	3.37	23	11.68
否	241	89.93	155	95.09	201	96.63	174	88.32
χ^2,P值	\multicolumn{4}{l}{$\chi_1^2=3.62, P_1=0.057$; $\chi_3^2=7.95, P_3=0.005$}	\multicolumn{4}{l}{$\chi_2^2=10.19, P_2=0.001$; $\chi_4^2=5.19, P_4=0.023$}
总是处于被动状态								
是	79	29.70	41	25.47	64	30.62	64	31.84
否	187	70.30	120	74.53	145	69.38	137	68.16
χ^2,P值	\multicolumn{4}{l}{$\chi_1^2=0.89, P_1=0.346$; $\chi_3^2=0.05, P_3=0.828$}	\multicolumn{4}{l}{$\chi_2^2=0.07, P_2=0.790$; $\chi_4^2=1.76, P_4=0.184$}
总是有很多异性想和我交往								
是	34	12.88	20	12.42	22	10.63	33	16.58
否	230	87.12	141	87.58	185	89.37	166	83.42
χ^2,P值	\multicolumn{4}{l}{$\chi_1^2=0.02, P_1=0.891$; $\chi_3^2=0.56, P_3=0.454$}	\multicolumn{4}{l}{$\chi_2^2=3.07, P_2=0.079$; $\chi_4^2=1.23, P_4=0.268$}
不知道怎么和异性相处								
是	150	56.82	101	62.73	152	69.09	148	67.58
否	114	43.18	60	37.27	68	30.91	71	32.42
χ^2,P值	\multicolumn{4}{l}{$\chi_1^2=1.45, P_1=0.229$; $\chi_3^2=7.70, P_3=0.006$}	\multicolumn{4}{l}{$\chi_2^2=0.12, P_2=0.734$; $\chi_4^2=0.97, P_4=0.326$}

关于中学生恋爱这一问题，在基线调查时，对照组有9.39%、干预组有4.95%的学生表示恋爱过，对照组高于干预组（$P_1=0.0003$）。在终末调查时这一比例在两组均有一定的升

高，由于干预组在基线调查时的比例较低，因此干预组的增加有统计学差异（$P_4 = 0.0004$），但是和对照组相比，并未达到统计学差异（$P_2 = 0.197$）（见表6-40）。恋爱以最早发生在初一、初二、初三的比例较高，发生较多的行为是"拥抱"。在恋爱过的对象中，碰到过问题的比例为31.82%至48.46%，终末调查时的比例略高于基线调查，但是其差异没有达到统计学显著水平。碰到较多的问题是"不愿意和对方谈恋爱，但又不敢拒绝"，因此，学校性教育应加强异性沟通和交流方面的技巧，教给学生互相尊重并能够说"不"，以免在自己的权利受到侵害时不敢拒绝。

表6-40 调查对象恋爱情况

单位：份，%

问题	基线调查 对照组 数量	基线调查 对照组 占比	基线调查 干预组 数量	基线调查 干预组 占比	终末调查 对照组 数量	终末调查 对照组 占比	终末调查 干预组 数量	终末调查 干预组 占比
是否恋爱过								
是	86	9.39	43	4.95	87	10.24	71	8.41
否	830	90.61	826	95.05	763	89.76	773	91.59
χ^2, P 值	\multicolumn{4}{l}{$\chi_1^2 = 13.11, P_1 = 0.0003$；$\chi_3^2 = 0.36, P_3 = 0.550$}	\multicolumn{4}{l}{$\chi_2^2 = 1.66, P_2 = 0.197$；$\chi_4^2 = 4.95, P_4 = 0.0004$}
最早是什么时候								
小学	16	19.51	7	15.91	17	17.71	19	25.33
初一	21	25.61	8	18.18	21	21.88	14	18.67
初二	23	28.05	8	18.18	18	18.75	13	17.33
初三	19	23.17	16	36.36	22	22.92	14	18.67
高一	3	3.66	5	11.36	18	18.75	15	20.00
发生过以下行为的比例								
抚摸	27	35.06	9	23.68	33	34.58	28	37.84

续表

问题	基线调查				终末调查			
	对照组		干预组		对照组		干预组	
	数量	占比	数量	占比	数量	占比	数量	占比
拥抱	47	61.04	18	47.37	55	59.14	45	61.64
接吻	24	31.17	6	15.79	19	20.43	21	28.77
性交	3	3.90	1	2.63	8	8.70	8	10.96
是否碰到过问题								
是	39	46.99	14	31.82	46	49.46	37	48.05
否	44	53.01	30	68.18	47	50.54	40	51.95
χ^2, P 值	$\chi_1^2=2.72, P_1=0.099$; $\chi_3^2=0.11, P_3=0.743$				$\chi_2^2=0.03, P_2=0.855$; $\chi_4^2=3.03, P_4=0.082$			
碰到过以下问题的比例								
不愿意和对方谈恋爱,但又不敢拒绝	14	40.00	5	41.67	17	38.64	8	25.81
不愿意和对方谈恋爱,拒绝不成功	11	31.43	1	8.33	12	27.27	8	25.81
被迫发生了性行为	1	2.86	0	0.00	2	4.55	2	6.45

采用 logistic 回归分析组别和时间对"是否恋爱过"的交互作用,由于小学生恋爱过的比例很低,我们仅分析中学生干预前后恋爱情况的变化。结果显示:组别和时间的交互作用项接近统计学意义(见表6-41),这与基线调查时干预组的恋爱比例较低有关,从表6-41的恋爱比例来看,终末调查时干预组的恋爱比例有所升高,但是和对照组相比,并无统计学差异。

从表6-42可见,终末调查时学生的恋爱比例有所增加,但是干预组低于对照组。而与初中学生相比,高中学生恋爱过的风险大大增加(aOR:7.00,95% CI:4.65~10.52),男生恋爱过的比例高于女生，不与父母一起居住的学生恋爱过的比例高于和父母一起居住的学生。

表6-41 "是否恋爱过"的交互作用分析

效应	参数估计(β)	标准误	χ^2	P
截距	-2.03	0.07	937.51	<0.0001
组别(干预组/对照组)	-0.26	0.07	15.16	<0.0001
时间点(终末/基线)	0.20	0.07	8.99	0.003
组别×时间	0.13	0.07	3.65	0.056

表6-42 "是否恋爱过"的多因素logistic回归分析

变量	比较组	参照组	OR	95% CI	aOR	Adjusted 95% CI
组别	干预组	对照组	0.62	0.48~0.80	0.64	0.48~0.84
时间点	终末	基线	1.41	1.10~1.81	1.61	1.21~2.12
学校	高中	初中			7.00	4.65~10.52
性别	男	女			2.08	1.57~2.75
父亲文化程度	初中	小学及以下			1.15	0.61~2.16
	高中、中专				1.68	0.87~3.26
	大专				1.25	0.56~2.76
	本科及以上				1.68	0.76~3.70
母亲文化程度	初中	小学及以下			1.48	0.90~2.46
	高中、中专				1.48	0.85~2.58
	大专				1.37	0.67~2.77
	本科及以上				1.09	0.48~2.43
主要居住方式	集体宿舍	与父母一起住			1.38	1.01~1.90
	其他				3.35	1.72~6.53
家庭人均月收入(元)	2000至4000(不含)	<2000			1.13	0.63~2.03
	4000至6000(不含)				1.05	0.58~1.91
	≥6000				1.44	0.81~2.54

注：OR为包含时间和组别的分析结果；aOR为包含这8个变量的分析结果。

八　学生对性教育的态度和需求

终末调查时，对照组和干预组分别有 77.06% 和 83.70% 的学生认为青少年需要了解性与生殖健康相关知识，比基线调查时的比例有所增加。认为自己有一些性与生殖健康知识的比例在 60% 至 70%，终末调查时干预组学生认为自己性相关知识足够的比例为 18.46%，比基线调查时有所增加，与此同时，终末调查时干预组学生认为自己有性相关问题的比例也略有升高。有 54.72% 至 60.83% 的学生认为青少年性教育应该从 12 岁开始，还有 20% 左右的学生认为应该从 6 岁起开始接受性教育，终末调查时干预组学生认为应该从 6 岁起接受性教育的比例有所升高（26.78%）（见表 6-43）。

表 6-43　调查对象对青少年性教育的态度和需求

单位：份，%

问题	基线调查 对照组 数量	占比	基线调查 干预组 数量	占比	终末调查 对照组 数量	占比	终末调查 干预组 数量	占比
青少年需要了解性与生殖健康相关知识吗								
需要	645	71.04	683	78.78	665	77.06	714	83.70
无所谓	180	19.82	117	13.49	149	17.27	102	11.96
不需要	83	9.14	67	7.73	49	5.68	37	4.34
χ^2, P 值	$\chi_1^2 = 15.22, P_1 = 0.0005$；$\chi_3^2 = 10.85, P_3 = 0.004$				$\chi_2^2 = 12.15, P_2 = 0.002$；$\chi_4^2 = 10.26, P_4 = 0.006$			
你认为自己的性与生殖健康相关知识是否足够								
足够	135	14.85	101	11.68	107	12.54	156	18.46
有一些	549	60.40	572	66.13	533	62.49	589	69.70

第六章　杭州市萧山区青少年学校性与生殖健康教育的现状及干预效果评价

续表

问题	基线调查 对照组 数量	基线调查 对照组 占比	基线调查 干预组 数量	基线调查 干预组 占比	终末调查 对照组 数量	终末调查 对照组 占比	终末调查 干预组 数量	终末调查 干预组 占比
很欠缺	225	24.75	192	22.20	213	24.97	100	11.83
χ^2, P 值	$\chi_1^2=6.89, P_1=0.032$; $\chi_3^2=2.03, P_3=0.363$				$\chi_2^2=52.68, P_2<0.0001$; $\chi_4^2=40.78, P_4<0.0001$			
你认为自己是否有性相关问题								
是	33	3.60	17	1.96	27	3.13	35	4.13
不知道	365	39.85	309	35.64	317	36.77	333	39.27
没有	518	56.55	541	62.40	518	60.09	480	56.60
χ^2, P 值	$\chi_1^2=8.93, P_1=0.012$; $\chi_3^2=2.34, P_3=0.310$				$\chi_2^2=2.76, P_2=0.252$; $\chi_4^2=10.56, P_4=0.005$			
你认为青少年应该从几岁起接受性教育(岁)								
<6	51	5.66	25	2.89	40	4.62	42	4.89
6至12(不含)	195	21.64	157	18.17	219	25.32	230	26.78
12至18(不含)	493	54.72	500	57.87	500	57.80	518	60.30
≥18	162	17.98	182	21.06	106	12.25	69	8.03
χ^2, P 值	$\chi_1^2=13.44, P_1=0.004$; $\chi_3^2=13.74, P_3=0.003$				$\chi_2^2=8.44, P_2=0.038$; $\chi_4^2=69.26, P_4<0.0001$			

终末调查时学生认为学校有必要开设有关性与生殖健康教育课程的比例有所升高，知道所在学校开设了相关课程的比例也有所升高。认为所开设课程已经足够的比例为38.83%至49.12%，终末调查时略高于基线调查时（见表6-44）。

表6-44 调查对象对学校性教育的态度

单位：份，%

问题	基线调查 对照组 数量	基线调查 对照组 占比	基线调查 干预组 数量	基线调查 干预组 占比	终末调查 对照组 数量	终末调查 对照组 占比	终末调查 干预组 数量	终末调查 干预组 占比
你认为学校是否有必要开设相关课程								
是	620	69.20	668	77.05	662	76.89	698	82.31
否	276	30.80	199	22.95	199	23.11	150	17.69
χ^2, P 值	\multicolumn{4}{l	}{$\chi_1^2=13.80, P_1=0.0002$; $\chi_3^2=13.17, P_3=0.0003$}	\multicolumn{4}{l}{$\chi_2^2=7.73, P_2=0.005$; $\chi_4^2=7.33, P_4=0.007$}
所在学校是否开设了相关课程								
是	231	25.16	235	27.10	323	37.51	516	61.14
否	364	39.65	301	34.72	287	33.33	167	19.79
不知道	323	35.19	331	38.18	251	29.15	161	19.08
χ^2, P 值	\multicolumn{4}{l	}{$\chi_1^2=4.65, P_1=0.098$; $\chi_3^2=31.62, P_3<0.0001$}	\multicolumn{4}{l}{$\chi_2^2=95.61, P_2<0.0001$; $\chi_4^2=201.98, P_4<0.0001$}
是否足够								
是	80	38.83	88	39.64	122	40.94	223	49.12
否	60	29.13	73	32.88	111	37.25	138	30.40
不确定	66	32.04	61	27.48	65	21.81	93	20.48
χ^2, P 值	\multicolumn{4}{l	}{$\chi_1^2=1.25, P_1=0.53$; $\chi_3^2=7.40, P_3=0.025$}	\multicolumn{4}{l}{$\chi_2^2=5.33, P_2=0.070$; $\chi_4^2=6.41, P_4=0.041$}

终末调查时所调查对象希望学校开展性教育的比例有所增加，对照组和干预组都高于基线调查时，但是干预组（32.67%）和对照组（31.75%）相比并没有统计学差异（$P_2=0.595$）。在希望开展的内容方面，终末调查时学生对有关知识的期待比例均有所增加，较高比例的内容仍然是健康性心理知识、青春期保健知识、和异性正常交往知识等。调查对象期望的主要教育形式还是讲座、电视录像、教材讲解（见表6-45）。

表 6-45 调查对象对学校性教育的需求

单位：份，%

问题	基线调查 对照组 数量	占比	基线调查 干预组 数量	占比	终末调查 对照组 数量	占比	终末调查 干预组 数量	占比
你希望学校开展性教育吗								
希望	249	27.27	231	26.67	274	31.75	278	32.67
无所谓	488	53.45	511	59.01	492	57.01	490	57.58
不希望	176	19.28	124	14.32	97	11.24	83	9.75
χ^2, P 值	$\chi_1^2=8.98, P_1=0.011$; $\chi_3^2=22.68, P_3<0.0001$				$\chi_2^2=1.04, P_2=0.595$; $\chi_4^2=12.77, P_4=0.002$			
希望开展哪些方面的教育								
和异性正常交往知识	393	43.67	440	51.04	430	68.15	446	72.29
性发育知识	339	37.67	351	40.72	355	54.20	372	56.71
青春期保健知识	530	58.89	590	68.45	668	85.20	640	81.95
健康性心理知识	565	62.78	607	70.42	527	71.70	509	71.19
避孕知识	181	20.11	115	13.34	168	29.07	168	28.82
性病艾滋病防护	242	26.89	168	19.49	298	45.08	274	42.55
其他	99	11.00	78	9.05	23	3.95	20	3.49
教育形式								
教材讲解	297	33.00	326	37.64	286	44.76	266	43.32
讲座	576	64.00	600	69.28	588	75.58	568	74.74
电视录像	336	37.33	311	35.91	373	56.86	304	48.25
人体模型讲解	214	23.78	256	29.56	238	37.84	266	41.76
宣传折页	134	14.89	144	16.63	147	24.71	152	25.55
一对一咨询	91	10.11	79	9.12	147	24.87	162	27.05
其他	66	7.33	61	7.04	23	3.97	26	4.56

采用 logistic 回归分析组别和时间对"认为自己的知识是否足够"的交互作用（见表 6-46），结果显示：组别和时间的

交互作用项有统计学意义，说明干预活动促进了学生知识的增加和自我认知意识的提高，干预后学生的知识增加了，同时，他们自认为知识足够的比例也提高了。从表6-47可见，终末调查时学生"认为自己的知识是否足够"的比例增加，而且干预组高于对照组。此外，与小学相比，初中、高中学生"认为自己的知识是否足够"的比例增加，但是男生的比例低于女生，母亲文化程度为初中的学生的比例低于母亲文化程度为小学及以下的学生。

表6-46 "认为自己的知识是否足够"的交互作用分析

效应	参数估计(β)	标准误	χ^2	P
截距1	-1.80	0.05	1367.73	<0.0001
截距2	1.34	0.04	1020.29	<0.0001
组别（干预组/对照组）	0.16	0.04	22.16	<0.0001
时间点（终末/基线）	0.13	0.03	13.38	0.0003
组别×时间	0.17	0.03	23.39	<0.0001

表6-47 "认为自己的知识是否足够"的多因素logistic回归分析

变量	比较组	参照组	OR	95% CI	aOR	Adjusted 95% CI
组别	干预组	对照组	1.38	1.20至1.58	1.39	1.21~1.61
时间点	终末	基线	1.29	1.12至1.48	1.25	1.08~1.45
学校	初中	小学			2.45	2.05~2.93
	高中				2.98	2.35~3.77
性别	男	女			0.84	0.72~0.97
父亲文化程度	初中	小学及以下			1.22	0.86~1.75
	高中、中专				1.31	0.90~1.89
	大专				1.32	0.88~1.98
	本科及以上				1.23	0.82~1.86

续表

变量	比较组	参照组	OR	95% CI	aOR	Adjusted 95% CI
母亲文化程度	初中	小学及以下			0.69	0.51~0.94
	高中、中专				0.80	0.58~1.12
	大专				0.74	0.51~1.07
	本科及以上				0.99	0.67~1.47
主要居住方式	集体宿舍	与父母一起住			1.00	0.78~1.29
	其他				0.75	0.55~1.03
家庭人均月收入（元）	2000至4000（不含）	<2000			0.92	0.66~1.28
	4000至6000（不含）				0.98	0.71~1.36
	≥6000				0.95	0.69~1.31

注：OR 为包含时间和组别的分析结果；aOR 为包含这 8 个变量的分析结果。

采用 logistic 回归分析组别和时间对"是否希望学校开展性教育"的交互作用（见表 6-48），结果显示：组别和时间的交互作用项无统计学意义，说明干预活动对此项认知的改变不大，但是终末调查时学生希望学校开展性教育的比例增加（见表 6-49）。初中和高中学生希望学校开展性教育的比例高于小学生，不和父母一起住也不住校的学生希望学校开展性教育的比例较高，但是母亲文化程度为高中、中专的学生希望学校开展性教育的比例较低。

表 6-48 "是否希望学校开展性教育"的交互作用分析

效应	参数估计(β)	标准误	χ^2	P
截距1	-0.87	0.04	551.37	<0.0001
截距2	1.85	0.05	1405.31	<0.0001

续表

效应	参数估计(β)	标准误	χ^2	P
组别(干预组/对照组)	0.05	0.03	2.07	0.151
时间点(终末/基线)	0.17	0.03	26.68	<0.0001
组别×时间	-0.01	0.03	0.18	0.674

表6-49 "是否希望学校开展性教育"的多因素logistic回归分析

变量	比较组	参照组	OR	95% CI	aOR	Adjusted 95% CI
组别	干预组	对照组	1.10	0.97~1.25	1.17	1.02~1.35
时间点	终末	基线	1.41	1.24~1.61	1.47	1.27~1.69
学校	初中	小学			2.48	2.08~2.96
	高中				3.47	2.74~4.38
性别	男	女			0.99	0.86~1.14
父亲文化程度	初中	小学及以下			1.21	0.86~1.70
	高中/中专				1.26	0.88~1.79
	大专				0.99	0.67~1.46
	本科及以上				1.14	0.77~1.69
母亲文化程度	初中	小学及以下			0.79	0.58~1.05
	高中/中专				0.71	0.52~0.97
	大专				0.83	0.58~1.19
	本科及以上				1.00	0.69~1.46
主要居住方式	集体宿舍	与父母一起住			1.05	0.83~1.33
	其他				1.58	1.15~2.17
家庭人均月收入(元)	2000至4000(不含)	<2000			1.13	0.82~1.55
	4000至6000(不含)				1.00	0.73~1.37
	≥6000				0.99	0.73~1.34
恋爱情况	是	否			1.81	1.38~2.36

注:OR为包含时间和组别的分析结果;aOR为包含这9个变量的分析结果。

第七章 项目干预效果评价和分析

第一节 青少年性与生殖健康教育现状分析

一 青少年生殖健康问题突出，应受到进一步关注

随着社会经济的发展，人们的物质文化水平日益提高，思想也得到解放。未婚先孕、"一夜情"、多性伴等引发的性与生殖健康问题日益突出。处于性发育与性萌动期的青少年受开放性观念氛围的影响尤为突出，婚前性行为发生的比例不断升高。2011年，上海市15至24岁未婚青少年的性行为发生率为12.7%，其中男性为16.8%，女性为8.6%。在本研究的基线调查过程中发现，有5.53%的初、高中生表示周围发生过同学意外怀孕的情况，而即便在小学阶段，也有3.85%的学生表示周围有该类情况的发生。

伴随着意外怀孕出现的就是未成年人人工流产率的不断升高，据统计，我国19岁及以下的青少年流产人数占到流产总数的7.67%。同时由于青少年意外怀孕或多或少会面对来自家庭、学校和社会的压力，我们基线调查时发现，3.77%和4.40%的初、高中生和小学生选择了会歧视周围发生意外怀孕的同学，因此，这些意外怀孕学生在流产过程中往往得不到来自其他方面的支持，也造成了很多意外怀孕的学生会选择非安全的人工流产方式，不安全的人工流产不仅增加了生殖道感染的机会，而且多数流产女性会产生紧张、焦虑、恐惧心理甚至抑郁，这对青少年心理将产生负面影响，有时人工流产的心理伤害要比生理损伤严重得多。而我国是世界上青少年人口最多的国家，2005年全国1%的人口抽样调查结果显示，中国15至29岁青少年人口近3亿，占全国总人口的22.94%。青少年的身心健康不但关系到个人的健康成长，而且影响着社会文明的进步和国家综合实力的提高，因此青少年的生殖健康教育问题应该进一步得到社会的广泛关注。

二　青少年生殖健康知识欠缺，获取渠道不同

近年来，我国性病发病率逐年增高，而发病年龄逐年减小，生殖健康知识普遍缺失。本研究发现初高中对象对生理知识的回答正确率集中在50%至70%，对于生殖健康相关知识，学生有概念的认知主要停留在议论度较高的话题上，例如，90%左右的学生均表示听说过艾滋病，但是对一般生殖道感染的问题，近一半的学生表示没有听说过，在定性访谈过程中，也有很多同学表

示其接受的生殖健康教育极为有限，多集中在基本的生理知识上。在国内其他研究的调查中，青春期发育和生理知识平均分达到75.7分，而生殖避孕知识得分平均分只有45.7分，及格率只有28.6%。可见目前我们的性教育主要集中在青春期发育和生理知识方面，而对生殖健康以及避孕知识的普及明显不足。另外有研究发现，在青少年获取的性与生殖健康知识中常常包含许多错误的知识，这些错误的知识很容易误导青少年。本研究调查发现，只有57.74%和50.00%的初高中生和小学生能够回答的出既能避孕又能预防性病艾滋病的避孕方法是使用安全套。而范怡悦等对上海市6所学校317名学生研究发现78%的中学生不知道如何预防艾滋病。目前，世界上每天有万余人新感染上艾滋病。在中国艾滋病患者中，15至29岁的约占60%，年轻人正成为性病艾滋病最大的牺牲品。据统计，我国20世纪90年代青少年的性成熟年龄比60年代平均提前了2岁，而结婚年龄却平均延后2至3年。而本研究基线定性访谈发现，学生获取性与生殖健康相关信息的渠道除了学校和家庭之外，主要集中在网络，但就目前情况来看，网络信息存在不准确或者涉及一些不良信息的情况，不但不能很好地引导青少年获取有效的知识，甚至会造成负面影响。事实上，正是性与生殖健康知识上的匮乏、片面和错误，而导致了性行为一系列的不良后果，如性病艾滋病感染和非意愿妊娠等。由此可见，进行系统的、全面的、正规的性教育，尤其是关于性自主、性健康、性病艾滋病以及生殖避孕方面的教育更加刻不容缓。

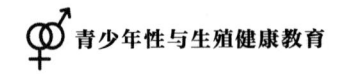

三 生殖健康教育供需失衡,学校应成为生殖健康教育的主要场所

在本次基线调查中,12.70%的初高中生和35.71%的小学生认为自身的性与生殖健康知识很欠缺;60.13%的初高中生和64.84%的小学生不清楚自己是否存在性与生殖健康问题;83.90%的初高中生和87.91%的小学生认为学校有必要开展性与生殖健康教育。由此可见,青少年对性与生殖健康教育方面的需求巨大,但是所在学校开展相关教育的只占50%至60%,在其他研究中该现象同样存在,于艺等对上海某郊区的青少年进行的调查发现,38.5%的调查对象自述没有接受过学校性教育,需求与供给之间存在鸿沟。同时,本研究在定性访谈中发现,小学开展性与生殖健康教育的学校较少,老师和家长对开展相关活动的顾虑较多,同时,在开展相关教育的学校也存在授课老师多为兼职老师、专业知识不够的情况,教材内容粗浅、局限性大等问题仍旧突出,本研究调查发现对于一些常见的生殖健康问题老师的回答正确率并不高,有些甚至只有40%左右,这也导致学校性教育停留于生理卫生知识和道德教育上面。学校性教育被认为是增强青少年自我保护意识、提高能力的基础来源,但老师表达含蓄隐讳,欲言又止或旁敲侧击,不触及核心内容和敏感问题,甚至老师不讲解,让学生自己阅读的现象仍较普遍。鉴于学校教育的集中性、系统性和权威性,学校理应成为生殖健康教育的主要场所。但是目前,我国还没

有生殖健康教育方面的专门老师和专业教材，也就不可避免地出现了互相推卸责任的局面。

第二节　干预效果评价

一　干预增加了青少年的性与生殖健康知识

本研究基线调查的中学生对象性与生殖健康知识得分及格的比例分别为 58.87%、54.93%；终末调查时知识得分及格比例分别为 55.61%、72.93%，干预组得分显著提高，差异有统计学意义，对照组变化不显著。采用 logistic 回归分析组别和时间的交互作用，调查对象知识得分是否及格的组别和时间交互作用项有统计学意义，说明干预活动显著提高了知识的及格率。分析两次调查和两组对象性与生殖健康知识得分及格比例的差异，干预后干预组学生的性与生殖健康知识得分及格比例显著高于对照组。多因素 logistic 回归分析显示，除了终末调查时对象的知识得分提高和干预组的知识得分高于对照组外，主要居住方式和家庭人均月收入对调查对象的知识得分也有一定的影响。王萍等采用学校教师组织家长、学生以班级为单位对洛阳市中学生进行健康知识教育，每 2 周 1 次，每次不少于 1 小时，共不少于 20 次干预，结果显示，初中生干预对生殖生理知识的增加差值作用最大，高中生的生殖生理知识得分和艾滋病知识得分也有所增加。上海市的一项研究也显示开展性教育干预后，中学生的各项知识得分均明显提高。卢国斌等对哈尔滨市 2003 至 2006 年中学生性教育效果的评价显示干预组的性知识平均分（45.7 分）较基线组（38.3 分）高。可见，在学校开展性教育，能够非常有效地增加学生的性与生殖健康知识，学校的集体教学是一种特别高效的干预方式，学校和老师应该成为青少年性与生殖健康知识的主要来源。

二 青少年的性观念随着年龄的增加而更加宽容

随着社会经济的发展，人们的物质文化水平日益提高，思想也得到解放。处于性发育与性萌动期的青少年受开放性观念氛围的影响尤为突出，婚前性行为发生的比例不断升高。王凤秋等对哈尔滨市 765 名高一年级学生的调查显示，约 30% 的学生谈过恋爱，4.3% 的学生有过性行为，学生普遍缺乏性保护的意识和能力；有 56% 的男生和 47% 的女生表示"只要不影响学习，中学生谈恋爱就没有错"，而对"我这个年龄有手淫很正常""我这个年龄的人对黄色录像带感兴趣很正常"问题的回答很迷茫。但是，男生的回答有一半是肯定的，而女生的回答多数是否定的。这也许可以解释为男生考虑更多的是生理问题，而女生考虑更多的是道德问题。

2004 年上海市的一项调查显示，约 21% 的初中生认为中学生男女约会很正常，10% 的初中生认为男孩女孩彼此亲吻、拥抱、爱抚没什么；而 57% 的高中生认为中学生男女约会很正常，31% 的高中生认为谈恋爱对学习和生活没有影响。其中约 20%

的高中生有恋爱经历或与异性有过亲吻、拥抱、爱抚等亲密行为。2008年，对陕西汉中地区高中生的调查显示，64.06%的学生不反对婚前性行为，43.51%的学生有过恋爱经历，但是只有46.6%的高中生接受过性教育，70%的学生认为学校有必要开设专门的性教育课程。2013年，对上海市618名初三学生的调查显示，95%的学生接受恋爱双方发生拥抱、接吻等亲昵行为，高达74%的学生对婚前性行为持宽容态度，分别有1.3%的男生和0.7%的女生自我报告曾经有过性行为。

对哈尔滨市的研究显示，相比基线组而言，干预组学生更倾向于赞成婚前性行为（27.0%，16.9%，$P<0.01$），但对婚前性行为持肯定态度的学生，干预组（13.4%）比例低于基线组（21.0%）。对洛阳市的研究显示，与单纯的学校性与生殖健康教育相比，家庭和学校同步教育使高中生对婚前性行为的态度更趋于保守，但是未发现两种干预方式对初中生的婚前性行为态度产生影响。本研究也有相似发现，所以，对性教育会导致性开放的担心其实并没有支持依据。

随着青春期的萌动，青少年会自然产生与异性交往、接触的冲动与欲望，并且随着年龄的增加这种欲望会更加强烈，可能趋向于认同或理解恋爱行为、婚前性行为等异性间的性接触和性行为。可见，性观念的宽容是社会性文化、性道德发展变化的大趋势，一个宽容的社会文化才能使人们生活得舒服和自由。但是，对青少年来说，性观念的宽容需要有更多的性道德的支撑，因此，社会和学校有必要继续增强对学生的性道德教育，包括对其健康性心理的教育和引导。及时开展性与生殖健康教育，及时转变青少年对于性行为的态度，对于最终减少性行为的发生，减少意外妊娠以及性传播疾病对青少年的伤害至关重要。另外，学校也需要加大对男生的性观念和性行为教育力度，为其树立正确的性观念，从而帮助青少年形成完善的人格特征。

三 宣传教育干预不会促进青少年性相关行为的发生

本研究显示，性与生殖健康干预和教育并不会增加中学生早恋或者性开放的比例。洛阳市对中学生的干预研究也发现，无论是单纯的学校性教育，还是家庭和学校的同步教育，均未能降低中学生谈恋爱、与异性发生亲密行为及发生性行为的概率，但也没有促进这些性相关行为的发生。但是，对哈尔滨市的一项研究显示，中学生有过恋爱行为的比例干预组高于对照组（26.6%，17.0%，$P<0.01$），但是该研究显示经过系统的学校性教育，更多的学生已经初步形成正确的性态度，他们能够接受并喜欢自己的性别，即使在恋爱中，能较性教育前更加理智地把持好自己，不轻易进行婚前性行为。随着社会的发展和变化以及青少年性发育成熟的提前，青少年恋爱以及可能发生的性行为比例都会不断地增加。

宋逸等的研究显示，我国高中生性行为的报告率为4.4%，男生、女生分别为6.9%和2.1%，职业中学学生性行为的报告率高于普通高中学生；年级增加、看过色情书刊或影像制品、长期不与父母同住（单亲家庭、重组家庭或留守儿童等情况）等是高中生发生性行为的危险因素。对深圳市的调查显示，普通初中早恋发生率为 11.8%，重点初中为 10.5%，普通高中为 21.5%，重点高中为 15.0%；年龄、父母职业和学历对学生恋爱情况有影响，没有接受过性教育的学生早恋发生率略高于接受过性教育的学生；男生性行为、爱抚、手淫的发生率均高于女生。李俭莉 2013 年对内江地区的调查显示，有过恋爱经历的高中生占 42.09%，54.08% 的高中生有性自慰情况，15.39% 的高中生发生过性交行为，43.88% 的高中生有色情读物或视频接触史。本研究也显示不与父母一起居住是青少年学生发生恋爱行为的危险因素。因此，男生、不和父母一起居住的学生应该成为学校性与生殖健康教育过程中关注的重点人群。

婚前性行为的发生可能会导致意外妊娠的出现，而伴随着意外妊娠的后果就是未成年人人工流产率的不断升高，据统计，我国 19 岁及以下的青少年流产人数占到流产总人数的 7.67%。同时，青少年意外怀孕或多或少会面对来自家庭、学校和社会的压力。我们的研究发现，宣传教育干预活动对"是否会歧视意外怀孕的同学"的改变不大，只有不到 20% 的学生明确表示不会歧视。可见，未婚怀孕，特别是青少年学生怀孕还是会受到周围人一定的歧视，而随之产生的是不敢告诉同学、朋友或家长，更不敢告诉学校。对学校、老师并不信任，来自学校和老师的简单说教、严厉的处理均难以奏效。有研究发现，发生性行为的高中生无一例外地会对父母及老师保密，缺乏家长及老师的保护，无疑会增加青少年性行为的风险，导致对青少年身心伤害。青少年意外妊娠后在其流产过程中往往得不到来自其他方面的支持，也造成了很多人会选择非安全的人工流产方式，不安全的人工流产不仅增加了生殖道感染的机会，而且多数流产女性会产生紧张、焦虑、恐惧心理甚至抑郁，这对青少年心理将产生负面影响，有时人工流产的心理伤害要比生理损伤严重得多。

　　人的行为是非常复杂的，其影响因素也是重大的，行为的改变也是困难的。有研究显示，影响青少年性行为（异性交往、自慰行为、性交行为）的因素包括家庭环境、家庭教育、学校教育、媒体和同伴，还有自身的不良行为（旷课、吸烟、饮酒和吸毒）、学习成绩和性知识等。异性交往是不以人的意志为转移的，如果为了让青少年不过早地发生性行为而限制异性交往，可能会激发青少年的逆反心理，因此对青少年的异性交往和恋爱行为宜"疏"不宜"堵"。本研究还显示，有一些同学在异性交往方面存在问题，有的显得紧张或害羞，而且随着年龄的增长，在终末调查时出现异性交往方面问题的比例有所增加。因此，学校必须承担起青少年性教育的责任，并且拓展一定的内容，不仅包括生理、道德方面的教育，而且也应该重视心理方面和社会交往方面的教育。

四　干预对提高青少年对学校性教育的需求有一定的作用

　　学校是学生的主要活动场所，学生最希望获得性与生殖健康知识的来源依然是学校，但目前大部分学生生殖健康知识的获取并非受益于学校教育。有研究显示，仅有20%的中学生表示学校开设了与青春期性健康教育相关的课程或讲座,而89.5%的学生认为需要开展性健康教育。仅不足一半的学生接受过性教育,约2/3的学生认为有必要开设正规的性教育课程。对辽宁省丹东市的调查显示,高中生希望获取性知识的来源主要是老师(37.60%)、同学或朋友(18.97%)、网络(18.79%);对学校开展性知识教育满意者仅占25.37%。于艺等对上海某郊区的青少年进行调查发现,38.5%的调查对象自述没有接受过学校性教育,需求与供给之间存在鸿沟。由此可见,青少年对性与生殖健康教育方面的需求巨大。学校应开展相应的性与生殖健康教育,以满足学生的相关需求。

有研究显示,开展一个学期的健康教育后,小学生对性保健、性心理、性疾病的知识的需求量较干预前有所增加。对中学生的研究显示,干预组较基线组学生更倾向于认为性教育应在早期进行。朱丽萍等对高中和职校学生的干预研究显示,在干预后干预组希望"医务人员"授课以及"获得更多性安全知识"的比例有所提高,其中希望进行"青春期保健咨询指导""提供避孕药具""隐秘的意外怀孕处理""心理咨询""性生殖系统疾病治疗预防"等方面,干预组在终末调查时的比例均达到100%,比干预前有明显提高。

在本次终末调查时学生认为青少年需要了解性知识的比例有所提高;"希望学校开展性教育"的比例有所增加,干预组较干预前有明显增加,干预组和对照组差异有统计学差异。组别和时间的交互作用项有统计学意义,说明干预活动使得学生希望学校开展性教育的比例增加。多因素 logistic 回归分析结果显示，组别对学生是否希望学校开展性教育有影响，干预组学生希望值较高。同时学生对一些性与生殖健康教育的内容，如"健康性心理知识""青春期保健知识""和异性正常交往知识"等的需求均有所增加。这与以往的研究结果较为一致。

性健康教育既是学科知识的教育，也是身心健康的教育和人格的教育，学校性教育是保证学生身心健康的重要基础，同时学校性教育也被认为是增强青少年自我保护意识、提高能力的基础来源。鉴于学校教育的集中性、系统性和权威性，学校理应成为性与生殖健康教育的主要场所。

参考文献

[1] 左霞云、涂晓雯、楼超华等：《亲子交流性教育对高中生婚前性行为态度的影响》，《中国计划生育学杂志》2008年第6期。

[2] 卢希平、陈尧、朱海芳等：《人工流产妇女避孕行为调查及干预》，《中国计划生育和妇产科》2011年第5期。

[3] 汪德凤：《高校大学生性观念和性病认知调查与分析》，《齐齐哈尔医学院学报》2009年第17期。

[4] 张鹏、楼超华、Laurie等：《上海未婚青少年性相关行为影响因素结构方程模型分析》，《中国卫生统计》2011年第2期。

[5] 范怡悦、严玲悦、孙煜：《青少年性知识及性心理健康影响因素分析》，《当代青年研究》2014年第3期。

[6] 李晓萍：《120例艾滋病患者的依从性教育干预》，《中国当

代医药》2012年第36期。

[7] 于艺、楼超华、高尔生等:《上海郊区青少年性知识、性态度和性行为调查》,《中国公共卫生》2003年第3期。

[8] 柳扬、钟子渝:《青少年性教育现状调查》,《中国性科学》2011年第8期。

[9] 王磊、王全丽、侯欣等:《高中生性态度与AIDS/性相关知识及性教育现状调查》,《中国艾滋病性病》2009年第4期。

[10] 王萍、潘新娟、吕姝焱等:《洛阳市中学生性与生殖健康教育干预研究》,《中国学校卫生》2014年第12期。

[11] 应笑、涂晓雯、楼超华等:《中学生性及生殖健康教育干预效果评价》,《中国公共卫生》2008年第5期。

[12] 卢国斌、王亿军、欧萍等:《2003至2006年哈尔滨市中学生性教育效果评价》,《中国妇幼保健》2010年第32期。

[13] 王凤秋、李玉、崔洪弟等:《高中生性与生殖健康知识、态度、行为调查》,《中国心理卫生杂志》2007年第1期。

[14] 涂晓雯、左霞云、楼超华等:《上海市中学生性相关知识、态度及行为分析》,《中国公共卫生》2007年第2期。

[15] 胡晓雯、谢静波、谭晖等:《上海市618名初三学生生殖健康知信行现况》,《中国学校卫生》2014年第10期。

[16] 聂少萍、李海康、许燕君等:《广东省城市高中与中专学生性相关行为分析》,《中国预防医学杂志》2007年第5期。

[17] 唐晓君、钟朝晖、汪海英:《重庆市中学生性知识、性态度和性行为现况调查》,《现代预防医学》2008年第15期。

［18］程然、宋桂荣、马莉等：《大连市青少年性教育状况》，《中国学校卫生》2004年第5期。

［19］宋逸、季成叶、星一等：《中国18省市自治区城市高中生性行为现况分析》，《中国学校卫生》2008年第12期。

［20］胡序怀、陶林、张玲等：《深圳中学生早恋发生及影响和关联因素调查》，《中国性科学》2012年第1期。

［21］蒋丽娟、武南、胡辛楠等：《广东省深圳市高中生性态度及性行为现况调查》，《中国健康教育》2012年第3期。

［22］李俭莉：《内江地区高中生性行为现状及其影响因素研究》，《现代预防医学》2015年第7期。

［23］郑思东、方展强：《341名高中生性行为与人格因素的相关性分析》，《中国校医》2011年第9期。

［24］周宇、胡月、徐阳欢等：《武汉市某区中学生性行为状况调查》，《中国学校卫生》2013年第10期。

［25］吴静：《青少年性健康行为形成的早期干预模式研究》，华中科技大学博士学位论文，2007。

［26］张悦、林柔君、王亚平等：《沿海3省中学生性健康知识及需求状况分析》，《中国学校卫生》2015年第2期。

［27］宋玉堂、崔士民、蔡冬业等：《辽宁省丹东市高中学生性知识和性态度认知调查》，《中国健康教育》2011年第7期。

［28］胡玉坤、刘爽：《风雨兼程的艰难探索——促进中国青年性与生殖健康的干预》，《清华大学学报（哲学社会科学版）》2011年第1期。

图书在版编目(CIP)数据

青少年性与生殖健康教育:现状和干预效果评价/武俊青,李玉艳,赵瑞主编.--北京:社会科学文献出版社,2021.5

ISBN 978-7-5201-7875-4

Ⅰ.①青… Ⅱ.①武… ②李… ③赵… Ⅲ.①青少年教育-性教育-研究 ②青少年教育-健康教育-研究 Ⅳ.①G479

中国版本图书馆CIP数据核字(2021)第075250号

青少年性与生殖健康教育
现状和干预效果评价

主　　编／武俊青　李玉艳　赵　瑞
副 主 编／仇丽霞　李亦然

出 版 人／王利民
责任编辑／宋　静

出　　版／社会科学文献出版社·皮书出版分社（010）59367127
　　　　　地址：北京市北三环中路甲29号院华龙大厦　邮编：100029
　　　　　网址：www.ssap.com.cn
发　　行／市场营销中心（010）59367081　59367083
印　　装／三河市龙林印务有限公司

规　　格／开　本：787mm×1092mm　1/16
　　　　　印　张：16　字　数：168千字
版　　次／2021年5月第1版　2021年5月第1次印刷
书　　号／ISBN 978-7-5201-7875-4
定　　价／98.00元

本书如有印装质量问题，请与读者服务中心（010-59367028）联系

▲ 版权所有 翻印必究